Verhandlungen, Mitteilungen

und

Berichte

des

Centralverbandes Deutscher Industrieller.

№ 97.

Herausgegeben

vom

Geschäftsführer H. A. Bueck, Berlin W., Karlsbad 4a.

Telephon: Nr. 2527, Amt VI.

Januar 1904.

Berlin 1904.

J. Guttentag, Verlagsbuchhandlung,

G. m. b. H.

Druck: Deutscher Verlag (Ges. m. b. H.), Berlin SW. 11.

Verhandlungen

des

Ausschusses

des

Centralverbandes Deutscher Industrieller

am

17. Dezember 1903.

Bericht des Geschäftsführers.

Der Gesetzentwurf betr. den Versicherungsvertrag.

Erklärung gegen die Einführung von Binnenschiffahrts-abgaben.

◆

Berlin, Januar 1904.

Inhaltsverzeichnis.

Ausschuß-Sitzung

des

Centralverbandes Deutscher Industrieller,

abgehalten am

Donnerstag, den 17. Dezember 1903, vormittags 10 Uhr in Berlin im „Hotel Kaiserhof".

Vorsitzender Herr Hüttenbesitzer **Vopelius**-Sulzbach: Meine Herren, ich eröffne die Sitzung und begrüße Sie!

Leider habe ich vor Eintritt in die Tagesordnung Ihnen Kenntnis zu geben von dem Ableben eines Mitgliedes des Direktoriums. Unser verehrter und lieber Kollege, Herr Kommerzienrat Karl Krafft aus Schopfheim, ist uns nach kurzer Krankheit entrissen worden. Hier in Berlin, wohin er in Geschäften des Centralverbandes geeilt war, erfaßte ihn die tödliche Krankheit, in seiner Heimat ist er zur Ruhe gebettet worden. Karl Krafft ist auf der Höhe des Lebens von uns geschieden, kaum die fünzig hat er überschritten, aber dies Leben ist reich an Arbeit, Segen und Erfolgen gewesen. Am 9. Juli 1852 wurde Karl Krafft zu Auppen (Baden) geboren. Nach dem Abschluß der Schulbildung bezog er das Polytechnikum zu Karlsruhe, hielt sich dann 1872—74 in Frankreich und England auf, besuchte 1875 die Universität Heidelberg und trat dann, nachdem er vielseitige Bildungselemente in sich aufgenommen hatte, 1876 in das väterliche Geschäft, eine Baumwollspinnerei in St. Blasien ein. Bereits nach kurzer Zeit wurde er an die Seite seines Großvaters Grether nach Schopfheim berufen, um ihn in der Leitung der diesem gehörigen Fabriken zu unterstützen. In der Arbeit für diese, zwei Spinnereien und eine Weberei umfassende Unternehmung hat dann Karl Krafft seinen Lebensberuf gefunden. Reiche Erfolge und weithin reichende Anerkennung bei seinen Berufsgenossen brachte ihm seine Tätigkeit. Das Vertrauen der heimischen Industriellen stellte ihn an die Spitze der Handelskammer, die süddeutschen Baumwollindustriellen beriefen ihn in den Vorstand ihres Vereins und als Vertrauensmann weitester Kreise der deutschen Industrie trat er in das Direktorium des Centralverbandes Deutscher Industrieller ein. An dem politischen Leben seiner engeren Heimat war Krafft als Mitglied der ersten Kammer beteiligt, für die wirtschaftliche Stärkung des Deutschen Reichs durfte er als Mitglied des Wirtschaftlichen Ausschusses wirken.

Es hat dem Dahingeschiedenen an äußeren Ehren nicht gefehlt, sein Landesherr verlieh ihm das Ritterkreuz I. Klasse vom Zähringer Löwen und den Titel als Kommerzienrat und der Kaiser ehrte seine Verdienste durch Verleihung des Roten Adlerordens III. Klasse.

Nun ist er viel zu früh für seine zahlreichen Freunde wie für die deutsche Industrie dahingeschieden. Uns, die wir seinen wohlüberlegten Rat schätzten, die Freundlichkeit seines Wesens liebten, uns wird Karl Krafft immer in ehrendem Gedächtnis bleiben.

Ich darf Sie bitten, zu seinen Ehren sich von Ihren Sitzen zu erheben. (Geschieht.)

Ich danke Ihnen.

Meine Herren, Herr Geheimrat Jencke ist leider noch immer nicht in der Lage, seinem Wunsche entsprechend hier erscheinen zu können; ein nervöses Kopfweh hält ihn leider zurück. Ich werde ihn morgen sehen und darf wohl annehmen, daß Sie mich beauftragen, ihm Ihre Grüße zu bringen und ihm eine recht baldige Genesung zu wünschen.

(Lebhafte Zustimmung.)

Meine Herren, wir treten in die Tagesordnung ein. Ich darf bitten, daß wir die Nr. 1 der Tagesordnung, Geschäftliche Mitteilungen, an die vierte Stelle setzen und zuerst mit der Festsetzung des Voranschlages für das Jahr 1904 beginnen, dann die Nr. 3, dann die Nr. 4 nehmen und darauf erst in den Punkt 1, Geschäftliche Mitteilungen, eintreten, da der Vortrag des Herrn Generalsekretär Bueck doch die Aufmerksamkeit Aller in Anspruch nehmen wird und in der ersten Zeit immer noch einige Nachzügler kommen, welche den Vortrag mehr oder weniger beeinträchtigen würden.

Die Versammlung ist damit einverstanden.

Wir kommen also zu:

2. Festsetzung des Voranschlages für das Jahr 1904.

Generalsekretär **Bueck:** Meine Herren, Sie werden sich entsinnen, daß vor $1^1/_2$ Jahren der Beschluß gefaßt worden ist, daß die einzelnen Posten nicht mehr genannt, sondern nur in gewisse Gruppen zusammengezogen hier vorgetragen werden sollen.

Der Geschäftsführer verliest hierauf und erläutert die Posten des Etats, der in Einnahme und Ausgabe mit 118500 Mk. balanziert. Der Geschäftsführer führt alsdann weiter aus:

Ich möchte gleich zu dem Etat bemerken, daß zwar ein kleiner Ueberschuß in diesem Jahre verbleibt, daß wir aber unser Vermögen um den Betrag von rund 30000 Mk. vermindert haben durch die Expedition nach Südafrika, deren Kosten der Centralverband ganz allein aus seinen Mitteln bestritten hat. Zu diesem Zwecke hat er 28000 Mk. aus seinem Vermögen und 7000 Mk. aus seinen laufenden Mitteln entnommen. Die Kosten sind damit aber noch nicht gedeckt, da noch mehrere Berichte zu drucken sind. Ueber diese Angelegenheit werde ich noch weiteres im Verlaufe meines Berichtes zu sagen haben.

Vorsitzender: Meine Herren, Sie haben den Voranschlag gehört. Ich stelle denselben zur Diskussion, und wenn sich ein Widerspruch nicht erhebt — was nicht geschieht — nehme ich an, daß Sie diesen Voranschlag genehmigen.

Wir kommen zum nächsten Punkt der Tagesordnung:

3. Neuwahl der aus drei Personen bestehenden Prüfungskommission der Jahresrechnung 1904.

Generalsekretär **Bueck:** Bis jetzt haben die Güte gehabt, dieses Amt auf sich zu nehmen: Herr Direktor van den Wyngaert-Berlin, Herr Generaldirektor Werminghoff und Herr Baurat Krause von der Firma Borsig, beide auch in Berlin.

Vorsitzender: Meine Herren, das Direktorium schlägt Ihnen vor, die drei Herren wiederzuwählen. Wenn sich kein Widerspruch erhebt — und das ist nicht der Fall — darf ich wohl Ihre Zustimmung annehmen und darf wohl die Herren bitten, sofern sie hier sind, sich bereit erklären zu wollen, das schwierige Mandat wieder auf sich zu nehmen. (Die Herren Generaldirektor Werminghoff und Direktor van den Wyngaert nehmen die Wahl an.) Herr Krause ist wohl nicht hier? Er wird dann Mitteilung davon bekommen.

Wir kommen zum nächsten Punkte:

4. Zuwahl von Mitgliedern in den Ausschuß.

Generalsekretär **Bueck:** Ich möchte vorher bemerken, daß sich leider 32 Herren für die heutige Sitzung entschuldigt haben. Die Verlesung der Liste werden Sie mir wohl erlassen. Es ist bedauerlich, daß die Herren an unseren Beratungen nicht teilnehmen; das Ausbleiben so außergewöhnlich vieler Herren ist wohl zurückzuführen auf den Umstand, daß nur vor wenigen Tagen zahlreiche

Mitglieder unseres Ausschusses 4 Tage bei den contradiktorischen Verhandlungen über die Syndikate und Kartelle der Eisenindustrie hier in Berlin anwesend waren und auf das nahe bevorstehende Weihnachtsfest.

Meine Herren, das Direktorium schlägt Ihnen vor, folgende Kooptation in den Ausschuß vorzunehmen.

Sie wissen, daß in einer der früheren Sitzungen der Präsident der Handelskammer Plauen seinen Austritt aus dem Ausschuß erklärte. Der Herr ist inzwischen auch von dem Präsidium der Handelskammer Plauen zurückgetreten. An seine Stelle ist Herr Neidhardt gewählt worden. Das Direktorium schlägt Ihnen vor, den Präsidenten der Handelskammer Plauen, Herrn Neidhardt, in den Ausschuß zu berufen.

Zweitens, meine Herren, ist dem Centralverbande beigetreten der Verein der Lackfabrikanten in Berlin, und es ist die Bitte an uns gerichtet worden, den Vorsitzenden dieses Vereins, Herrn L. Mann in Berlin, Fabrikant, in den Ausschuß zu kooptieren. Mit Rücksicht auf den Umstand, daß der Herr Vorsitzende im Berliner industriellen Vereinsleben eine ziemlich hervorragende Stellung einnimmt, hat das Direktorium ausnahmsweise beschlossen, Ihnen vorzuschlagen, diesen Herrn auf seinen Wunsch in den Ausschuß zu kooptieren. Ich darf darauf hinweisen, daß gewöhnlich nur solche Mitglieder in den Ausschuß kooptiert und gewählt werden, die sich schon längere Zeit an unseren Arbeiten und Beratungen beteiligt haben. Wie gesagt, das Direktorium betrachtet das als eine Ausnahme und bittet Sie, den Vorschlag zu genehmigen.

Dann drittens, Herrn Baurat Max Krause von der Firma Borsig in Berlin. Abgesehen von dem Umstande, daß der Herr sich vielfach schon bei unseren Beratungen beteiligt hat, ist er, wie Sie eben gehört haben, Mitglied der Prüfungskommission, und es ist deshalb wohl wünschenswert, wenn er als solcher einen Platz in unserem Ausschuß fände.

Sodann, meine Herren, schlägt das Direktorium Ihnen vor, die Herren Geschäftsführer folgender Körperschaften: den Geschäftsführer des Vereins landwirtschaftlicher Maschinenfabrikanten, Exzellenz Krüger in Leipzig, ferner den Syndikus der Handelskammer in Essen und Abgeordneten Herrn Hirsch, endlich den Syndikus der Handelskammer Saarbrücken, der gleichzeitig auch Geschäftsführer des Vereins zur Wahrung der gemeinsamen wirtschaftlichen Interessen der Saar-Industrie und der südwestlichen Gruppe des Vereins Deutscher Eisen- und Stahlindustrieller ist, Herrn Dr. Tille, in den Ausschuß zu kooptieren.

Vorsitzender: Meine Herren, Sie haben die Vorschläge gehört. Es sind sechs Herren, welche Ihnen vorgeschlagen werden. Ich eröffne die Diskussion — und schließe dieselbe. Da niemand eine Bemängelung dieser Vorschläge vornimmt, so darf ich wohl Ihre Zustimmung zur Kooptation dieser Herren annehmen.

van den Wyngaert-Berlin: Ich möchte die Frage an die Herren vom Direktorium richten, ob es angeht, daß, da wir jetzt einen Geschäftsführer angestellt haben, derselbe als mein Vertreter an den Ausschuß-Versammlungen teilnehmen kann. Ich habe die Frage bereits an Herrn Bueck gerichtet, habe aber keine Antwort erhalten.

(Bueck: O ja, ich habe ja schriftlich geantwortet!)

Bitte, über die Teilnahme an den Ausschußsitzungen nicht. Sie haben gesagt, Sie wollten die Frage dem Direktorium vorlegen.

Generalsekretär **Bueck:** Das ist unterlassen; es ist vergessen worden. Ich bitte um Verzeihung, daß ich das gestern nicht zum Vortrag gebracht habe. Es ist aber nicht nur von dem Herrn Vorsitzenden des Vereins Deutscher Müller, sondern von mehreren Ausschußmitgliedern, die sich in ähnlicher Position befinden, die Frage an den Centralverband gerichtet worden, ob sie ihre Geschäftsführer in Vertretung in den Ausschuß schicken können. Da eine derartige Bestimmung nicht vorhanden ist, nach der das zulässig ist, so habe ich in den anderen Fällen bis auf eine weitere Entscheidung des Direktoriums das abgelehnt, und ich bitte um Vergebung, daß das in diesem Falle nicht geschehen ist. Die Sache würde aber am besten vielleicht hier zu erörtern sein. Wie gesagt, bisher ist eine solche Vertretung nicht statthaft gewesen, da ja für jedes Mitglied des Ausschusses, der als wirkliches Mitglied gewählt ist, auch ein Stellvertreter gewählt worden ist. Für die kooptierten Mitglieder natürlich findet eine Vertretung nicht statt.

Vorsitzender: Ja, meine Herren, ich glaube, wir werden statutenmäßig vorgehen müssen. Ich habe die Statuten zur Hand. Im § 12 heißt es: Der Ausschuß besteht aus 30 Mitgliedern, welche nebst einem Ersatzmann für jedes der Mitglieder von der Versammlung der Delegierten mit relativer Mehrheit auf drei Jahre gewählt werden. Derselbe kann sich durch Kooptation hervorragender Kräfte auf dem Gebiete der Volkswirtschaft und Technik ergänzen. . . . .

Meine Herren, der erste Fall trifft ja nicht zu; die 30 Mitglieder haben ihre regelrechten Stellvertreter. Also die Frage, welche Herr van den Wyngaert angeregt hat, kann sich lediglich auf die kooptierten Mitglieder erstrecken, aber es scheint mir, daß nach der Fassung der Statuten das ausgeschlossen ist, weil es ausdrücklich heißt: „Derselbe kann sich durch Kooptation hervorragender Kräfte auf dem Gebiete der Volkswirtschaft und Technik ergänzen." Also die Kooptation erstreckt sich lediglich auf den einzelnen Herrn, nicht auch auf einen eventuellen Stellvertreter. Ich glaube also, statutengemäß ist der Wunsch des Herrn van den Wyngaert eigentlich nicht durchzuführen.

van den Wyngaert-Berlin: Dann weiß ich ja Bescheid.

Vorsitzender: Also die Herren sind mit dieser Auffassung einverstanden. Es wird ja gut sein, daß das als Präzedens für die Zukunft festgesetzt wird.

Meine Herren, wir treten in die Nr. 1 der Tagesordnung ein:

1. Geschäftliche Mitteilungen,

und ich darf Herrn Generalsekretär Bueck bitten, das Wort zu nehmen.

Generalsekretär **Bueck:** Meine Herren, die letzte Sitzung des Ausschusses und auch der Delegierten hat am 17. März dieses Jahres stattgefunden. Meine Berichterstattung würde sich also auf den Zeitraum von dort bis jetzt zu erstrecken haben.

Es liegt nun nicht in meiner Absicht, meine Herren, Ihnen einen größeren Bericht zu geben, wie ich mich für verpflichtet halte, ihn gewöhnlich in den Delegiertenversammlungen zu erstatten, sondern nur einige verhältnismäßig wenige Punkte aus unserer Tätigkeit in dieser Berichtsperiode hervorzuheben. Freilich werde ich nicht umhin können, dabei auch einige allgemeine Verhältnisse zu berühren.

Erstens habe ich Ihnen Mitteilung zu machen über die Veränderungen im Stande unserer Mitglieder. Es sind in der Zwischenzeit dem Centralverbande beigetreten:

das Syndikat zum Schutze der Interessen der Gasglühlichtindustrie in Berlin,
der Ausschuß des Förder- und Verkaufsverbandes der Zwickauer und der Lugau-Oelsnitzer Steinkohlenwerke in Zwickau,
der Verein für bergbauliche Interessen in Zwickau,
die Vereinigung deutscher Baumwollstrickgarn-Fabrikanten in Magdeburg,
der Verband Deutscher Lackfabrikanten in Berlin,
Thüringer Musterlager in Weimar,
C. G. Haubold jun. in Chemnitz,
Wieland & Co., Messingwerke in Ulm a. d. Donau,
Generalleutnant z. D. von Schubert, Exzellenz, Berlin.

Ihren Austritt haben erklärt:

Geheimer Kommerzienrat Eduard Arnhold in Berlin, meine Herren, Sie werden sich entsinnen, daß ich in der letzten Sitzung mein Befremden darüber äußerte, daß eine Reihe unserer Ausschußmitglieder auch Mitglieder des Handelsvertragsvereins sei, eines Vereins, der sich unter der Leitung seines Vorsitzenden, des Herrn Abgeordneten Gothein, nachdem Herr Siemens gestorben war, in absolut freihändlerischen Bahnen bewegt. Dieses Befremden war um so mehr berechtigt, da bisher noch keine Körperschaft so energisch für den Abschluß von Handelsverträgen eingetreten war, als der Centralverband. Nachdem diese meine Aeußerungen veröffentlicht worden waren, hat der Herr Kommerzienrat Arnhold, der ja so lange zu unserem Ausschuß gehört hat, sich veranlaßt gesehen, seinen Austritt zu erklären. Außerdem ist ausgetreten Herr Franz Sander in Hamburg.

Meine Herren, die Zahl der korporativen Mitglieder des Centralverbandes ist jetzt auf 168 gewachsen.

Mit den Behörden hat ein recht reger Verkehr stattgefunden. Es sind uns im Laufe dieser Zeit 129 Mitteilungen zugegangen, teils vom Auswärtigen Amt, teils vom Reichsamt des Innern und vom Handelsministerium, die zum großen Teil ein recht wertvolles Material enthalten, das in geeigneter Weise zur Kenntnis unserer Mitglieder gebracht worden ist. Es ist erfreulich für uns gewesen, zu bemerken, daß diese Mitteilungen in immer weiterem Maße die Aufmerksamkeit unserer Mitglieder auf sich gezogen haben, und sogar die der bedeutendsten und größten Werke, die wir die Ehre haben, zu unseren Mitgliedern zu zählen.

Meine Herren, durch Rundschreiben vom 28. Januar d. J. haben wir unseren Mitgliedern mitgeteilt, daß wir in der Lage seien, ihnen zuverlässige Berichte über den wirtschaftlichen Zustand in den südafrikanischen englischen Kolonien zu geben, über die Produktions- und Absatzverhältnisse, über den dortigen Bedarf und die Art der Befriedigung desselben und über die Handels- und Verkehrsverhältnisse. Diese Berichte stammen her von einer Kommission, die, wie ich schon bei der Etatsberatung bemerkt habe, von dem Centralverbande zum Zwecke dieser Berichterstattung nach Südafrika entsendet worden ist. Sie bestand erstens aus Herrn Schanz. Sie werden sich entsinnen, daß bei der Entsendung der neunköpfigen Kommission nach Ostasien Herr Schanz mitgewesen ist und sich dabei ungemein ausgezeichnet hat. Die meisten brauchbaren und wertvollen Berichte, die an uns erstattet worden sind, hat Herr

Schanz geliefert. Denn derjenige Herr, der besonders für die Berichterstattung mitgesandt war, hat sich seiner Verpflichtung später entzogen, wodurch bedauerlicherweise das Ergebnis dieser großen Unternehmung, wie ich sie wohl bezeichnen kann, wesentlich als mißglückt und in Bezug auf ihren Erfolg nicht so wirkungsvoll, wie es hätte sein können, betrachtet werden muß. Herr Schanz hat auch dieses Mal wieder sehr wertvolle Berichte geliefert. Der zweite Delegierte war Direktor Böllinger von der Maschinenfabrik Gustavsburg bei Mainz, der von dem Mitgliede unseres Direktoriums, Herrn Baurat Rieppel in bereitwilligster Weise zu diesem Zwecke beurlaubt worden war. Er ist ein vorzüglicher Ingenieur und Techniker und hat durch seine Berichte bewiesen, daß er auch für die wirtschaftlichen Verhältnisse ein großes Verständnis hat. Leider, meine Herren, ist die Berichterstattung dadurch verzögert worden, daß Herr Böllinger nach seiner Rückkehr, wahrscheinlich durch seine eigenen Geschäfte, so sehr in Anspruch genommen worden ist, daß er seine Reiseberichte nur langsam hat liefern können. Dennoch sind bereits 10 solcher Berichthefte erschienen, das 11. wird in den nächsten Tagen versendet werden. Welches Interesse diese Mitteilungen in den Kreisen unserer Mitglieder hervorgerufen haben, mögen Sie daraus ersehen, daß im ganzen von diesen Heften bereits gegen 14 000 an unsere direkten und indirekten Mitglieder geliefert worden sind. Wir haben aus naheliegenden Gründen über diese Expedition nichts verlautbart, so lange die Verhandlungen über die zollpolitische Begünstigung der Einfuhr aus dem Mutterlande in den englischen Kolonien schwebten. Nachdem diese Begünstigung eingetreten ist, haben wir keine Veranlassung mehr, damit hinter dem Berge zu halten.

Die Kommission hatte die Aufgabe, die Kapkolonie, Transvaal, die Oranjekolonie, Natal, Rhodesia und Deutsch-Südwestafrika zu bereisen, und das ist auch geschehen.

Meine Herren, auf Wunsch des Herrn Reichskanzlers sind unsere Mitglieder aufgefordert worden, sich in Zukunft nur des hundertteiligen Thermometers zu bedienen und namentlich bei Angaben über Temperaturen, die für wissenschaftliche oder auch für gewöhnliche Zwecke bestimmt sind, ausschließlich diese Thermometer zu gebrauchen.

Meine Herren, von einem unserer Vereine ist im Laufe dieses Jahres an uns das Verlangen gerichtet worden, vorstellig zu werden wegen der Uebelstände und Unbequemlichkeiten, welche durch die Bestimmungen, die Lohnzahlungsbücher betreffend, jetzt den Industriellen bereitet werden. Wir hatten nicht nötig, diesem Ersuchen Folge zu geben, da der Centralverband sich mit der Sache schon im vorigen Jahre beschäftigt und unter dem 2. Oktober v. J. eine Eingabe an den Herrn Reichskanzler gerichtet hat, dahingehend, daß der Bundesrat doch von diesen belästigenden Bestimmungen Abstand nehmen möchte. Freilich ist in dieser Richtung unseren Wünschen bis jetzt noch nicht Folge gegeben worden.

Meine Herren, der Reichstag hat — ich glaube an dem letzten Tage seines Zusammenseins in der vorigen Session — eine Resolution gefaßt, die Verbündeten Regierungen zu ersuchen, in Erwägungen darüber einzutreten, ob nicht die drei Versicherungsarten (Kranken-, Invaliden- und Unfallversicherung) zum Zwecke der Vereinfachung und Verbilligung der Arbeiterversicherung in eine organische Verbindung zu bringen und die bisherigen Arbeiterversicherungsgesetze in einem einzigen Gesetze zu vereinigen seien.

Meine Herren, dieser Beschluß ist von Ihrem Direktorium mit der gebührenden Aufmerksamkeit verfolgt worden und es ist dabei zu der Ueberzeugung gekommen, daß die Angelegenheit weiter zu behandeln sei. Viele von Ihnen werden sich entsinnen, daß dem Entwurf eines Invalidenversicherungsgesetzes vom 26. Februar 1897 eine allgemeine Begründung beigegeben war. In dieser allgemeinen Begründung war eine besondere Abteilung, welche von der Zusammenlegung der verschiedenen Zweige der Arbeiterversicherung handelte. Es war eingehend geprüft worden einmal die Zusammenlegung der Invalidenversicherung mit den Krankenkassen, zweitens der Invalidenversicherung mit der Unfallversicherung. Damals war die Regierung — und ich möchte mir doch erlauben, meine Herren, Ihnen das hier vorzulesen — nach sehr eingehenden und langen Erörterungen zu folgendem Ergebnis gekommen:

„Es kann für jetzt dahingestellt bleiben, ob sich eine Vereinfachung der Arbeiterversicherung durch Vereinigung ihrer verschiedenen Träger überhaupt wird durchführen lassen. Es ist nicht ausgeschlossen, daß sich ein hierzu geeigneter Weg, bei dem die wahrscheinlichen Nachteile gegen überwiegende Vorteile zurücktreten könnten, wird finden lassen. Jedenfalls ist zur Zeit auf den bisher in Frage gekommenen Wegen eine irgendwie erhebliche Verbesserung des bisherigen Zustandes nicht zu erwarten; im Gegenteil würden die Nachteile einer grundsätzlichen Aenderung in der Organisation die daraus möglicherweise sich ergebenden Vorteile weitaus überwiegen. Die Frage wird aber im Auge zu behalten und ihre Lösung einer späteren Zeit vorzubehalten sein. Den Krankenkassen, Berufsgenossenschaften und Versicherungsanstalten wird zunächst zu überlassen sein, das ihnen überwiesene beschränkte Gebiet der Versicherung in seinen Einzelheiten auszugestalten. Aus einem längeren Nebeneinanderwirken der Organisationen wird sich erst ein abschließendes Urteil darüber gewinnen lassen, inwieweit die berufsgenossenschaftliche Organisation neben der territorialen beizubehalten ist. Immerhin läßt sich auch auf dem Gebiet einer Annäherung der Unfall- an die Invaliditätsversicherung, wie oben für die Annäherung der Kranken- und Invaliditätsversicherung, schon gegenwärtig in einzelnen Punkten eine Vereinfachung der Organisation durch Schaffung gemeinsamer Einrichtungen herbeiführen, wie sie im § 74b durch die Verwertung der Schiedsgerichte der Invaliditätsversicherung für die land- und forstwirtschaftliche Unfallversicherung, sowie für die Unfallversicherung bei Regiebauten der Kommunalverbände vorgeschlagen wird. Hierdurch wird eine große Anzahl von Schiedsgerichten mit gleichen örtlichen Bezirken entbehrlich werden, und die hieraus sich ergebende Vereinfachung der Gesamtorganisation wird das Verständnis unserer Arbeiterversicherung und die Durchsichtigkeit der Verwaltung nicht unwesentlich fördern."

Damals also war die Regierung überzeugt, daß die Nachteile der Zusammenlegung der verschiedenen Zweige der Arbeiterversicherung viel größer sein würden, als die Vorteile. Sie hat aber damals schon gesagt, daß ein abschließendes Urteil für alle Zeit nicht möglich ist, sondern daß der Zukunft vorbehalten werden müsse, in dieser Frage auch möglicherweise zu einer anderen Ansicht zu gelangen.

Nun, meine Herren, sind kürzlich in der Zeitschrift „Arbeiterversorgung" Artikel veröffentlicht, die wohl darauf schließen lassen, daß möglicherweise jetzt in der Regierung eine andere Ansicht Platz gegriffen hat in Bezug auf diese Möglichkeit, und das hat Ihr Direktorium veranlaßt, vorläufig die dem Centralverbande angehörenden Berufsgenossenschaften und diejenigen Vereine unter seinen Mitgliedern, die sich besonders mit allgemeinen wirtschaftlichen Angelegenheiten beschäftigen, also nicht bloß mit speziellen Fachfragen, aufzufordern, sich gutachtlich in dieser Frage zu äußern. Es liegt in der Absicht Ihres Direktoriums, diese Frage in einer der nächsten Delegiertenversammlungen zur Erörterung zu bringen.

Meine Herren, die großherzogliche Eisenbahndirektion in Schwerin hat den Centralverband gebeten, sich darüber gutachtlich zu äußern, inwieweit die neue Dampffährverbindung Warnemünde—Gedser, die mit dem 1. Oktober d. Js. eingerichtet ist, zur Erleichterung des Verkehrs beitrage. Wir haben die betreffenden Kreise um gutachtliche Aeußerung darüber gebeten, und es ist zu unserer Kenntnis gebracht worden, daß diese Verbindung wohl eine Verbesserung des Verkehrs mit Schweden und Norwegen, namentlich aber mit Dänemark herbeigeführt hat und daß dadurch auch in Dänemark der deutschen Einfuhr die Konkurrenz gegen die englische in gewissem Grade erleichtern werde.

Wir haben diese Gelegenheit benutzt, um die großherzogliche Eisenbahndirektion zu ersuchen, die Frage der Frachtermäßigung für Koks, Braunkohlen-Briketts, Alteisen und Steinsalz in Erwägung zu ziehen. Sie teilte uns darauf mit, daß sie diese Frage an die geschäftsführenden Königlichen Eisenbahndirektionen Essen und Altona befürwortend weitergegeben habe und daß diese mit den nötigen Erhebungen beschäftigt seien.

Im Anschluß an diese Verkehrsfrage kann ich hier gleich mitteilen, daß von zweien unserer Vereine bei dem Centralverbande der Antrag gestellt worden ist, ihre Bestrebungen bezüglich Ausgestaltung des Tarifwesens, soweit ihre Interessen in Frage kommen, zu befürworten. Es ist das der Verein Deutscher Papierfabrikanten und der Verein der Fabrikanten landwirtschaftlicher Maschinen und Geräte. Meine Herren, Ihr Direktorium hat sich gestern mit dieser Frage beschäftigt und hat geglaubt, dem Ausschuß anheim geben zu sollen, ob er sich mit dieser Sache weiter beschäftigen bezw. einen befürwortenden Beschluß in dieser Sache fassen wolle. Dem Herrn Vertreter der Papierindustrie in unserem Ausschuß wird ja, im Anschluß an die Erwähnung dieser Sache in meinem Bericht, Gelegenheit gegeben sein, seine Anträge zu Ihrer Kenntnis zu bringen und Herr Regierungsrat Dr. Leidig wird wohl so freundlich sein, da der Vertreter des Vereins der Fabrikanten landwirtschaftlicher Maschinen und Geräte nicht hier ist, hier auch deren Sache zum Vortrag zu bringen.

Meine Herren, die Oberschlesische Eisenindustrie, Aktiengesellschaft für Bergbau und Hüttenbetrieb und der Verein Deutscher Kupferwalzwerke in Bonn waren wegen Syndikatsachen in Streitigkeiten insofern gekommen, als die erwähnte Oberschlesische Eisenindustrie bei ihrem Austritt aus dem Verein die Rückerstattung eines Anteils an dem Vermögen des Vereins verlangte. Eine Einigung konnte nicht erzielt werden, und daher wurde das Direktorium des Centralverbandes gebeten, den Schiedsspruch zu übernehmen. Das Direktorium ist dem nachgekommen und hat eine Kommission dazu gewählt. Das Schiedsgericht ist am 10. August d. Js. in Düsseldorf zusammengetreten, hat seinen Spruch gefällt, und diesem Spruche haben sich beide Parteien unterworfen.

Meine Herren, ich mache von diesem an sich ja nicht so sehr erheblichen Ereignis hier Mitteilung, um der Erwägung derjenigen

Herren, die mit den Syndikaten überhaupt zu tun haben, anheim zu geben, ob nicht vielleicht Streitigkeiten im Syndikatswesen zuweilen in ähnlicher Art durch Anrufung des Direktoriums zweckmäßigerweise ihre Erledigung finden könnten.

Meine Herren, in München ist ein Museum für Meisterwerke der Naturwissenschaft und Technik begründet worden. Um diesem Museum für alle Zeit eine wissenschaftlich und formell hervorragende Verwaltung zu sichern, ist statutarisch festgestellt, daß der Reichsregierung, der Königlich Bayerischen Regierung und einer Reihe von wissenschaftlichen und technischen Körperschaften ein Platz im Vorstande des Museums gesichert sein soll. Dieses Museum soll enthalten:

1. Sammlungen von wissenschaftlichen Instrumenten und Apparaten, sowie von Originalen und Modellen hervorragender Werke der Technik, welche anschaulich geordnet und erläutert im Museum zur öffentlichen Besichtigung aufgestellt sind.
2. Ein Archiv, in welchem wichtige Urkunden wissenschaftlichen und technischen Inhalts aufbewahrt werden.
3. Eine aus Handschriften, Zeichnungen und Drucksachen gebildete technisch-wissenschaftliche Bibliothek. Um das Andenken an die hervorragendsten Förderer der technischen Wissenschaften und der Industrie der Nachwelt dauernd zu erhalten, sollen in dem Museum auch Bildnisse sowie die Lebensbeschreibungen derjenigen deutschen Männer Aufnahme finden, welche sich um die Förderung der Technik die hervorragendsten Verdienste erworben haben.

Meine Herren, statutarisch ist ein solcher Platz im Vorstande auch dem Direktorium des Centralverbandes eingeräumt worden. Das Direktorium hat zu seinem Vertreter in dieser Beziehung sein Mitglied Herrn Baurat Rieppel in Nürnberg gewählt.

Meine Herren, die Abteilung Berlin des Deutschen Werkmeisterverbandes hat sich an den Centralverband gewendet mit dem Ersuchen, bei seinen Mitgliedern zu befürworten, daß bei vorkommendem Bedarf an Werkmeistern oder ähnlichem Personal sie sich an den Werkmeisterverband wenden möchten. Dieser Verband ist ein sehr bedeutender, er hat eine sehr große Anzahl von Mitgliedern; er hat nichts mit irgendwelchen sozialdemokratischen Gemeinschaften zu tun; er steht auf vollständig nationaler Grundlage und ist überhaupt in seinen Einrichtungen sehr zu empfehlen. Das Direktorium hat nur deswegen nicht sofort dem Ersuchen des Werkmeisterverbandes Folge gegeben, weil es für richtiger gehalten hat, daß ein solches Ersuchen nicht von einer Abteilung, sondern von der Hauptleitung jenes Verbandes an das Direktorium des Centralverbandes gestellt werde, und hat dann auch noch weiter um einige Unterlagen in Bezug auf sein Organ und dergleichen mehr gebeten. Es ist zugesagt worden von der Abteilung Berlin, an die wir uns natürlicherweise wenden mußten, daß dies erfolgen würde; bis jetzt ist es noch nicht geschehen.

Das Kaiserliche Statistische Amt hat u. a. auch an den Centralverband das Ersuchen gerichtet, bevor er an die Aufstellung des Entwurfs für das auf Grundlage des neuen Zolltarifgesetzes aufzustellende statistische Warenverzeichnis gehe, sich darüber gutachtlich zu äußern. Nun ist das aber nicht möglich, ehe man nicht das amtliche Warenverzeichnis kennt, denn zwischen den beiden besteht selbstverständlich ein inniger Zusammenhang. Man kann keine Vorschläge für die Gestaltung des statistischen Warenverzeichnisses machen, wenn man nicht das amtliche Warenverzeichnis kennt. Dieses amtliche Warenverzeichnis ist aber noch nicht fertiggestellt, die Fertigstellung dürfte erst im Laufe des Januar oder Anfang Februar erfolgen. Wir waren aber vom Kaiserlichen Statistischen Amt aufgefordert worden, unsere Begutachtung schon bis zum 1. Januar 1904 einzureichen. Auf Antrag des Centralverbandes hat das Kaiserliche Statistische Amt diese Frist auf vorläufig unbestimmte Zeit verlängert.

Meine Herren, dabei will ich noch bemerken: In der Geschäftsführung wird die Bedeutung des amtlichen Warenverzeichnisses vollständig gewürdigt. Es wird notwendig sein, daß bei der endgültigen Feststellung dieses amtlichen Warenverzeichnisses in umfangreicher Weise die Industrie mitwirkt, und es liegt in der Absicht der Geschäftsführung, diese Mitwirkung der Industrie sobald als tunlich zu ermöglichen und sie dazu heranzuziehen. Zu diesem Zwecke ist erforderlich, daß wir rechtzeitig in den Besitz des Entwurfs des amtlichen Warenverzeichnisses gebracht werden. Meine Herren, um das zu erlangen, bin ich bei dem Herrn Handelsminister gewesen. Der Herr Handelsminister hat mich an das Reichsschatzamt verwiesen, das Reichsschatzamt hat mich an den Herrn Handelsminister gewiesen, und so bin ich hin und herverwiesen und bis jetzt ist mir noch von keiner Stelle eine bindende Zusage gemacht worden, daß mir das amtliche Warenverzeichnis zur rechten Zeit zur Verfügung gestellt werden wird. Es ist jetzt eine formelle Eingabe an den Herrn Handelsminister auf Grund der Angabe des Reichsschatzamts gemacht worden, daß ihm 150 Exemplare, — doch, wie wir annehmen, für die Interessenten — zur Verfügung gestellt sind. Wir haben die Bitte an den Herrn Handelsminister gerichtet, eine Anzahl dieser Exemplare für unsere Industrien zur Verfügung zu stellen.

Meine Herren, unter dem 8. April d. J. ist von der Königlich Sächsischen Regierung eine Verordnung betreffend die zollfreie Einfuhr von zweidrähtigen Baumwollgarnen zur Herstellung von Gardinenstoffen für den Export erlassen worden. Diese Verordnung brachte eine große Unruhe in alle außerhalb Sachsens liegenden deutschen Kreise der Textilindustrie, namentlich aber in die Spinnerkreise, und von dieser Aufregung wurden auch sächsische Spinner ergriffen. Zwei unserer Spinner-Vereinigungen, das elsässische industrielle Syndikat und die Vereinigung der rheinisch-westfälischen Spinner, hatten Proteste gegen diese Verordnung an den Herrn Reichskanzler gerichtet und beim Centralverbande beantragt, diese Proteste zu unterstützen. Das Direktorium hat auf meinen Antrag genehmigt, daß zur Besprechung dieser bedeutungsvollen Angelegenheit alle diejenigen Kreise unserer korporativen Mitglieder, die an der Baumwollenindustrie beteiligt sind, die Spinner sowohl wie die Weber, zu einer Versammlung berufen werden, die am 30. September d. J. hier in Berlin abgehalten wurde. Meine Herren, die Frage ist außerordentlich eingehend erörtert worden von dem Standpunkt aus, daß durch diese Verfügung für gewisse Sorten der Spinnereierzeugnisse der ihnen gewährte Schutz vollständig aufgehoben wird und daß es sich hier eigentlich nicht um einen Veredelungsverkehr in dem gewöhnlichen Sinne des Wortes handelt, da besonders die Identität der zollfrei eingehenden Gegenstände hier nicht in dem Sinne, wie bisher die Identität behandelt worden ist, nachgewiesen werden könne. Ich muß hinzufügen, daß freilich von der Königlich Sächsischen Regierung eine sehr eingehende Zoll- und Buchkontrolle eingeführt ist, um eben die Identität festzustellen. Immerhin aber, meine Herren, ist die Maßregel damals in der Versammlung nur von den Vertretern der Handelskammer Plauen gebilligt und verteidigt worden; alle übrigen Vertreter der Vereine, auch der Webervereine, hatten sich dagegen ausgesprochen. Unter diesen Umständen konnte der Centralverband nicht anders, als die Proteste, die von den beiden Vereinen eingegangen waren, zu unterstützen. Aber, meine Herren, er hat den Schwerpunkt seiner Eingabe an den Herrn Reichskanzler auf eine andere Sache verlegt.

Nach dem Zollgesetz vom Jahre 1869 und nach unserer Verfassung ist der Rechtszustand der, daß in einzelnen Fällen die Gewährung des Veredelungsverkehrs von den einzelnen Regierungen ausgesprochen wird. Das hat zu den größten Uebelständen geführt, wie auch in dem vorliegenden Falle. Meine Herren, in dem einen deutschen Lande wird ein Veredelungsverkehr gewährt, der in dem anderen Lande ausgeschlossen ist, nicht gewährt wird. Das ist mehrfach vorgekommen und durch ein derartiges Verfahren werden ganz verschiedene Konkurrenzverhältnisse in den deutschen Industrien selbst geschaffen. Das ist ein unleidlicher Zustand.

Nun hat sich mit dieser Sache das Direktorium in seiner Sitzung vom 28. Februar d. J. auf das Eingehendste beschäftigt. Es wurde damals aber klargelegt, daß zur Aenderung dieses Zustandes eine Aenderung des Vereinszollgesetzes vom Jahre 1869 und eine Aenderung zweier Bestimmungen unserer Verfassung erforderlich sind, daß also ein sehr langer Weg nötig ist, um zu diesem Ziel zu gelangen. Wir wissen bestimmt, daß es nicht in der Absicht der Regierung liegt, jetzt vor dem Abschluß der neuen Handelsverträge eine Aenderung des Zollgesetzes von 1869 vorzunehmen. Daher hat das Direktorium damals am 28. Februar von einem Beschlusse Abstand genommen, sich in dieser Angelegenheit an die Regierung zu wenden. Nachdem aber in der erwähnten Versammlung diese Mißstände ausdrücklich zur Sprache gebracht worden waren, hat das Direktorium mich beauftragt, in der Eingabe an den Herrn Reichskanzler gerade diesen Punkt hervorzuheben und auf möglichst schleunige Abhilfe im Wege der Reichsgesetzgebung zu dringen.

Meine Herren, diese Versammlung wurde benutzt, um noch eine andere Sache zum Austrag zu bringen. Das Kolonialwirtschaftliche Komitee hatte sich an den Centralverband mit der Bitte gewendet, seine Bemühungen zur F ö r d e r u n g d e r B a u m w o l l k u l t u r in den d e u t s c h e n S c h u t z g e b i e t e n zu fördern und dazu einen Beitrag herzugeben. Nun, meine Herren, zu solchen Ausgaben ist der Centralverband nicht fähig. Er kann selbst erhebliche Summen für solche Zwecke nicht abgeben, aber er erkannte die Bedeutung dieser Frage in vollstem Sinne an und brachte sie daher auch in dieser Versammlung, in der alle Interessenten an der Baumwollkultur und Baumwollindustrie beteiligt waren, zur Sprache. An der Versammlung nahm teil der Vorsitzende des Kolonialwirtschaftlichen Komitees, Herr S u p f, der Direktor Herr H u p f e l d und der Sekretär desselben, Herr W i l k e n s. Der letztere hielt einen sehr interessanten Vortrag, in dem er vollständig nachweisen konnte, daß die Grundlagen für eine erfolgreiche Kultur der Baumwolle in unseren Schutzgebieten reichlich vorhanden seien, daß jetzt schon nicht unerhebliche Quantitäten Baumwolle gewonnen werden und daß im ganzen nicht sehr viel dazu gehöre, diese Kultur zu fördern und zu einer gewissen Höhe zu bringen. Meine Herren, diese Bestrebungen mußten hauptsächlich aber anerkannt werden mit Rücksicht auf die neueren Vorgänge auf dem Baumwollenmarkt. Allem Anschein nach, meine Herren, genügt das jetzige Quantum Baumwolle, das in der Welt erzeugt wird, nicht mehr, um den Bedarf überhaupt zu decken, und dieser Knappheit an Baumwolle hat sich sofort die Spekulation bemächtigt. Es ist durch wilde Spekulation eine Erhöhung der Baumwollpreise herbeigeführt worden, die nicht allein unsere Industrie, sondern die Baumwollindustrie im ganzen auf das äußerste geschädigt hat. Es ist also das Streben, sich mit der Zeit von dem amerikanischen Markte unabhängig zu machen, nicht nur von diesem Gesichtspunkte aus, sondern auch aus vielen anderen handelspolitischen Gründen überaus anerkennenswert und erfordert tatkräftige Unterstützung von seiten der Industrie. Herr Supf machte uns bekannt mit dem Plane, den das Kolonialwirtschaftliche Komitee für die nächsten drei Jahre in Bezug auf die Förderung der Kultur von Baumwolle aufgestellt hat. Der Plan erfordert einen Kostenbetrag von 600 000 Mk. Davon sind 500 000 Mk. aus kolonialen Kreisen, aus Kreisen, die sich für die Kolonialpolitik überhaupt interessieren, und von der Reichsregierung gedeckt worden. 30 000 Mk. sind bereits von Interessenten beigetragen worden. Es fehlt also die Summe von 70 000 Mk. In der betreffenden Versammlung erklärten sich namhafte Vertreter unserer Spinnervereinigungen bereit, teils von ihren Werken selbst Beiträge zu leisten, teils ihre Mitglieder zur Beitragsleistung aufzufordern, und es wurde dann der Beschluß gefaßt, durch das Direktorium des Centralverbandes eine Beitragsbeteiligung unter den in ihm vereinigten Verbänden herbeizuführen. Infolge dieses Beschlusses hat das Direktorium gestern bestimmt, daß jetzt die sämtlichen an der Baumwollindustrie beteiligten Vereine, nicht nur die Spinner, sondern auch die Weber, aufgefordert werden sollen, Beiträge zu leisten, um dieses wirklich sehr wertvolle und sehr bedeutungsvolle Unternehmen weiter zu unterstützen.

Meine Herren, ein Hauptteil der Arbeit Ihrer Geschäftsführung in der Zwischenzeit hat in der Beschaffung des Materials für die Regierung mit Bezug auf den Abschluß der neuen Handelsverträge bestanden. Das in dieser Beziehung von unseren Mitgliedern erbetene ihre Wünsche und Anträge umfassende Material ging nur nach und nach ein, vielfach mußten auch Rückfragen gestellt und weitere Ermittelungen vorgenommen werden. Um nichts zu versäumen, ist das Material nach seiner Feststellung in verschiedenen Abteilungen abgefertigt worden, demgemäß sind die folgenden Eingaben an das Reichsamt des Innern und an die betreffenden Behörden ergangen:

Eine Eingabe, betreffend die in den Handelsverträgen niederzulegenden allgemeinen Vereinbarungen, vier Eingaben betreffend den russisch-deutschen Handelsvertrag; ferner

eine Eingabe betreffend den schweizerisch-deutschen Handelsvertrag,
eine Eingabe betreffend evtl. Herabsetzung deutscher Zölle durch die Handelsverträge.

Es handelt sich hier um solche Fälle, wo die Interessenten selbst erklärt hatten, daß, um Begünstigungen beim Abschluß von Handelsverträgen zu erlangen, ihre Zölle bis auf ein gewisses Maß herabgesetzt werden könnten. Natürlich waren wir verpflichtet, auch diese Eingaben zu unterbreiten.

Meine Herren, endlich handelt es sich um eine Eingabe, betreffend die Nichtbindung einiger Positionen des Zolltarifs durch die Handelsverträge. Das hat folgende Bewandtnis. Im ganzen stehen wir auf dem Standpunkt, daß, wo nicht eine Aenderung der Tarifsätze durch den Handelsvertrag vorgenommen ist, wenigstens die Bindung ausgesprochen werden möchte; denn in dieser Bindung liegt ja eben die Sicherheit, daß die betreffenden Tarife im Laufe der Vertragsperiode nicht geändert werden können, daß also nicht Zustände eintreten können, wie sie früher in unseren Handelsbeziehungen mit Rußland gang und gäbe waren, daß Rußland fast jährlich einmal, sogar manchmal zweimal, seine Zölle erhöhte.

Meine Herren, bei den Beratungen unseres Tarifs waren nun manche merkwürdige Erscheinungen hervorgetreten. Unter der Führung des Herrn Münch-Ferber, der wohl mit manchen anderen zu den Handelspolitikern gehört, die der Herr Graf Posadowsky von der Tribüne des Reichstages sehr treffend als solche bezeichnete, die Freihandel für alle ihre Hilfsstoffe wünschen, die aber für ihre eigenen Artikel die Zölle nicht hoch genug erhalten können.

(Sehr richtig! und Heiterkeit.)

Unter der Führung dieses Handelspolitikers waren bekanntlich bei der ersten Lesung des Zolltarifs die Garnzölle auf die Hälfte herabgesetzt worden, was der Ruin für unsere deutschen Spinnereien gewesen wäre. Freilich kehrte sich dann der Spieß gegen die Weber selbst, indem die Tarifkommission es für notwendig erachtete, entsprechend der Herabsetzung der Garnzölle auch die Zölle für Gewebe zu ermäßigen. Bei der zweiten Lesung in der Tarifkommission, die schon etwas schnell vor sich ging, hat man dann erkannt, daß der Beschluß in Bezug auf die Garne ein, wenn ich mich stark ausdrücken soll, unsinniger gewesen sei. Es wurde also eine gewisse, wenn auch nicht völlig genügende Verbesserung vorgenommen durch Wiederheraufsetzung der Tarifsätze für die Garne. Man hatte es aber entweder vergessen, oder aus anderen Gründen unterlassen, auch die Tarifsätze für die Gewebe in die Höhe zu setzen, und so sind nun die Spinner noch ziemlich mit blauem Auge davongekommen, während die Herren Weber in ihre eigene Grube gefallen sind und einen durchaus unzulänglichen Schutz für ihre Gewebe haben.

(Sehr richtig!)

Es sind ja manche anderen Unstimmigkeiten auch vorgekommen, meine Herren, Sie wissen ja, daß leider unsere Maschinenindustrie durch die Beschlüsse des Reichstages auch fast ganz um ihren Schutz gekommen ist. Ob in dieser Beziehung noch manches wird geändert werden können, müssen wir der Zukunft überlassen. Vorläufig aber traten die in der Hauptsache geschädigten Weber an den Centralverband mit der Bitte heran, er möge befürworten, daß diese ganz unzulänglichen Zölle wenigstens nicht gebunden werden möchten, damit im Laufe der Zeit vielleicht eine Remedur eintreten könne. Das Direktorium hat sich veranlaßt gesehen, dieser Bitte nachzukommen, und es hat dabei auch einige Artikel der chemischen Industrie in gleicher Weise berücksichtigt, und so ist diese letzte, von mir erwähnte Eingabe entstanden.

Mit Bezug auf die Handelsvertragsverhandlungen kann ich mitteilen, daß solche zunächst mit Rußland stattgefunden haben, und zwar in Petersburg. Sie dauerten vom 3.—28. August d. Js., an welchem Tage die deutschen Vertreter von Petersburg wieder nach Berlin abreisten. Die Verhandlungen wurden abgebrochen, angeblich, weil der Finanzminister Witte, der ja eine große Rolle in diesen Verhandlungen spielte, beurlaubt sei, und sie sollten wieder beginnen gegen Ende Oktober oder Anfang November, wenn Witte wieder von seinem Urlaub zurückgekommen wäre. Bekanntermaßen ist Witte zwar vom Urlaub zurückgekehrt, aber nicht auf seinen früheren Posten. Er ist der Verwaltung des Finanzministeriums in Rußland enthoben worden, soll aber auch noch jetzt, wie es heißt, maßgebend bei den Handelsvertragsverhandlungen sein. Der zweite Akt der Verhandlungen mit Rußland hat sich in Berlin abgespielt. Die Verhandlungen haben stattgefunden zwischen dem 15. und 30. November, an welchem Tage die russischen Vertreter wieder nach Petersburg zurückreisten.

Der Geschäftsführer machte nun einige Mitteilungen über den Stand und das vorläufige Ergebnis dieser Verhandlungen, die ihm von durchaus informierter und zuverlässiger russischer Seite zugegangen waren, die auch mit dem übereinstimmten, was man im allgemeinen von deutscher Seite hatte erfahren können.

Der Geschäftsführer fuhr dann fort: Mit der Schweiz haben auch bereits Verhandlungen, und zwar in den Tagen vom 19. bis 31. Oktober stattgefunden. Das Ergebnis dieser Verhandlungen ist mir unbekannt.

Die mündlichen Verhandlungen mit Italien sollen, nachdem ein schriftlicher Verkehr bereits stattgefunden hat, in allernächster Zeit beginnen. Meine Herren, wir sind noch nicht in der Lage gewesen, die Wünsche der Industrie in Bezug auf den Handelsvertrag mit Italien der Regierung zu unterbreiten, weil das von unseren Mitglieder eingegangene Material bis jetzt ungenügend ist. Ich bin im Begriff, in einem neuen Rundschreiben die Mitglieder zu bitten, darüber zu berichten und wenn irgend möglich, so schnell als es tunlich ist, uns ein ausgiebiges Material zur Verfügung zu stellen.

Meine Herren, auch mit Griechenland sollen bereits schriftliche Verhandlungen geführt worden sein. Mit Oesterreich sind die Verhandlungen noch nicht aufgenommen worden. Sie konnten nicht aufgenommen werden, weil infolge der traurigen parlamentarischen Verhältnisse in beiden Reichshälften es noch nicht zur Feststellung des Tarifs gekommen ist und ohne einen gesetzlich festgelegten Tarif eine Unterhandlung nicht möglich ist.

Meine Herren, ich kann nun nicht verschweigen, daß mir aufgefallen ist, daß die Regierung bei den Vorbereitungen für die Handelsvertragsverhandlungen doch ein anderes Verfahren eingeschlagen hat, als bei der Vorbereitung zur Aufstellung des Tarifs. Bei der Vorbereitung des Tarifs ist der sogenannte „Wirtschaftliche Ausschuß“ in umfassender Weise in Anspruch genommen worden; mit seiner Hilfe und mit der ungemein gewissenhaften und sorgfältigen Arbeit seitens der betreffenden Reichsbehörden ist es gelungen, zum ersten Mal eine Produktionsstatistik aufzustellen, die außerordentlich wertvolle Fingerzeige für die ganzen handelspolitischen Bestrebungen enthält. Die Regierung hat damals in ausgiebigster Weise Zusammenstellungen veröffentlicht über unsern Handelsverkehr mit allen irgend in Betracht kommenden Ländern, also in Bezug auf die Aus- und Einfuhrstatistik. Die Regierung hat aber aus diesem Material, nach meiner Auffassung, mehrfach nicht die richtigen Schlüsse gezogen, was ich bedauere. Wer die Motive zu dem Entwurf eines neuen Zolltarifs gelesen hat, der wird mit Befremden in vielen Fällen gefunden haben, daß die Regierung aus dem Umstande, daß ein Artikel in geringem Umfange eingeführt wird, die Schlußfolgerung gezogen hat, es müßten die betreffenden Zölle ermäßigt werden. Diese Ermäßigung, mitunter auf einen sehr geringen unzulänglichen Betrag, hat denn auch stattgefunden, während ich den Schluß gezogen hätte, daß der bisherige Zoll seine Schuldigkeit getan und die beabsichtigte Wirkung ausgeübt hat. Wenn die Regierung dann Zollermäßigungen doch noch für nötig gehalten hätte, so wäre es vielleicht besser gewesen, sie auf dem Wege der Vertragsverhandlungen vorzunehmen, als von vornherein diese Zölle herabzusetzen. Durch das von der Regierung eingeschlagene Verfahren ist leider ein wertvolles Material zur Erlangung von Zugeständnissen bei den Vertragsverhandlungen durchaus ohne Not freiwillig aus der Hand gegeben worden.

Jedenfalls aber kann ich feststellen, meine Herren, daß die Vorbereitungen für die Aufstellung des Zolltarifs in sehr umfangreicher und sorgfältiger Weise getroffen waren.

Anders ist die Regierung verfahren bei der Vorbereitung für die Handelsvertragsverhandlungen. Meine Herren, diese Verhandlungen charakterisieren sich doch ganz als Handelsgeschäfte, und im gewöhnlichen Leben macht der die besten Handelsgeschäfte, der die Taschen voll Geld hat, der die Mittel hat zu kaufen und zu handeln. Bei diesem Handelsgeschäft, bei dem Abschluß von Handelsverträgen, wird das Geld ersetzt durch die Möglichkeit, große dem Gegner wertvolle Zugeständnisse zu machen. Dieser Möglichkeit hat sich unsere Regierung, worauf ich soeben schon hingewiesen habe, in weitem Maße durch zu niedrige Bemessung der Zollsätze entzogen und was die Regierung in dieser Beziehung nicht getan hatte, das tat der Reichstag in unheilvoller Weise. Die anderen hier in Betracht kommenden Länder haben vorsichtiger gehandelt und im Hinblick auf die in Aussicht stehenden Vertragsverhandlungen ihre Tarife außerordentlich erhöht. Rußland, die Schweiz und auch Oesterreich in seinem Entwurfe haben die Tarifsätze ungemein in die Höhe geschraubt.

Nun, meine Herren, gehört aber zu dem Abschluß von Handelsverträgen noch etwas anderes, es gehört zu dieser außerordentlich difficilen Verhandlung eine genaue Kenntnis der Grenzen, bis zu denen wir selbst mit unseren Konzessionen gehen können, ohne unsere eigenen Interessen zu schädigen; und es gehört dazu die richtige Wertschätzung der von der anderen Partei angebotenen Konzessionen. Meine Herren, um diese beiden Sachen richtig beurteilen zu können, dazu gehört ein außerordentliches Maß nicht nur von wirtschaftlichen und allgemeinen handelspolitischen Kenntnissen, sondern von technischen Kenntnissen der Fabrikation, der Selbstkosten, der Verkehrs- und Absatzverhältnisse mit Bezug auf die einzelnen Artikel. Dieses außergewöhnliche Maß von vielseitigen Kenntnissen ist nicht vorauszusetzen bei denjenigen Unterhändlern, die

die Handelsverträge abzuschließen haben, die doch gewöhnlich aus den Kreisen der Regierungsbeamten gewählt sind. Es ist nicht anzunehmen, daß diese Herren, selbst bei hervorragendster sonstiger Qualifikation, diese umfassende Kenntnis besitzen. Von diesen Gesichtspunkten ausgehend hat der Centralverband seiner Zeit die Bildung des Wirtschaftlichen Ausschusses beantragt. Er hat auf die Bildung dieser Körperschaft mit allem Nachdruck gedrungen, nicht sowohl wegen der Arbeiten zur Vorbereitung zum Zolltarif, sondern auch zu den Handelsvertragsverhandlungen. Er hat darauf gedrungen, nicht weil er geglaubt hat, daß dieses große Maß der Kenntnis nun auch in dem verhältnismäßig wenig Mitglieder zählenden Wirtschaftlichen Ausschusse vorhanden sein würde, sondern in der Annahme, daß diese aus dem praktischen Leben entnommenen Männer wissen werden, wo sie sich diese Kenntnis zu holen haben, welche Männer aus der Praxis sie zu berufen haben und wie sie dieselben im kontradiktorischen Verfahren zu befragen haben, um diese Kenntnis zu erlangen. Das war der Gedanke, von dem der Centralverband ausgegangen war. Es sollte ähnlich verfahren werden, wie seiner Zeit der Zollbeirat in Gemeinschaft mit dem Centralverbande gewirkt hat, der so wesentlich und erfolgreich bei dem Abschluß des russischen Handelsvertrags, des Handelsvertrags mit Spanien, mit Japan tätig gewesen ist.

Meine Herren, dieses Mal ist der Wirtschaftliche Ausschuß gar nicht in Anspruch genommen worden aus Gründen, die ich hier nicht weiter erörtern will, die mir aber bekannt sind. Statt dessen ist ein anderes Verfahren von der Regierung eingeschlagen worden: Die einzelnen Dezernenten des Reichsamts des Innern, die mit den Vorarbeiten zu den Handelsvertragsverhandlungen beschäftigt waren, haben sich nach eigenem Gutdünken und Ermessen ihre Sachverständigen in der Industrie ausgesucht und sich bei diesen ihre Informationen geholt. Meine Herren, es ist ja möglich, daß dieses Verfahren auch zu einem günstigen Resultate führen kann; ich erachte dieses Verfahren aber als nicht unbedenklich. Denn unter diesen, durch die freie Wahl der Herren Dezernenten herangezogenen Sachverständigen können sich ja auch möglicherweise solche Handelspolitiker befinden, die der Herr Staatssekretär des Innern genügend gekennzeichnet hat, die vielleicht bei Abgabe ihrer Gutachten in selbstsüchtiger Weise die allgemeinen Interessen hinter der Berücksichtigung ihrer eigenen Interessen zurücktreten ließen. Ich will durchaus annehmen, daß solche Fälle nicht vorliegen, aber, meine Herren, wenn die endlich abgeschlossenen Handelsverträge Unzufriedenheit in den industriellen Kreisen erregen sollten, dann werden solche Bedenken jedenfalls geäußert werden; ich glaube, daß das nicht zum Segen der Regierung sein würde.

Hieran anknüpfend machte der Geschäftsführer eingehende Mitteilungen über die von ihm wiederholt bei den betreffenden höchsten Behörden unternommenen Schritte, um eine Mitwirkung der im Centralverbande vereinigten Industrie bei den Handelsvertragsverhandlungen, wie sie seiner Zeit in so wirkungsvoller Weise bei den Verhandlungen bezüglich des russischen Handelsvertrages stattgefunden haben, zu erwirken.

Ich mache, so fuhr der Geschäftsführer fort, diese Mitteilungen, meine Herren, nur zu dem Zweck, um Ihnen zu zeigen, daß vom Centralverband alles geschehen ist, die Interessen der Industrie in entsprechender Weise auch bei diesen Sachen zu vertreten und zu wahren.

Meine Herren, all diese Dinge nehmen jetzt ein ganz anderes Gesicht an, da sich die handelspolitischen Verhältnisse gegen die frühere Zeit außerordentlich verschoben haben. Diese Verschiebung ist eingetreten mit der Kündigung des deutsch-englischen Handelsvertags vom 30. März 1865, die von England ausgesprochen wurde, um in ein zollpolitisches Begünstigungsverhältnis zu seinen Kolonien zu treten. Meine Herren, diese Begünstigung ist eingetreten; Kanada hat durch Gesetz vom 23. April 1897, mit Gültigkeit von dem betreffenden Tag, eine Begünstigung der englischen Waren von 12 ½ pCt. ausgesprochen, die durch Gesetz vom 1. Juli 1898 auf 25 pCt. erhöht wurde. Solange dieser gekündigte Vertrag seine Geltung hatte, war Kanada gezwungen, diese Begünstigung auch deutschen Waren zu gewähren. Am 30. August 1898 lief dieser Termin ab, und diese Begünstigung für britische Waren, die dann auf 33 ⅓ pCt. erhöht worden war, machte sich auch bemerkbar mit Bezug auf das Handelsabkommen, welches unter dem 16. Februar 1893 zwischen Kanada und Frankreich geschlossen war, wodurch für einzelne französische Waren damals schon eine Begünstigung abgemacht war, die jetzt in Kraft gesetzt wurde. Meine Herren, die deutsche Regierung konnte wohl nicht anders, als von der Bestimmung des § 1 des Zolltarifgesetzes vom 15. Juli 1879 Gebrauch zu machen und, da Kanada die Meistbegünstigung durch die Bevorzugung der britischen Waren verletzte, gegen die kanadische Einfuhr den autonomen Tarif, statt des Vertragstarifs, zur Geltung zu bringen.

In Südafrika ist der Zoll auf deutsche Waren, wie überhaupt auf alle fremde Waren, außer wenn sie britischen Ursprungs sind, um 25 pCt. erhöht worden. Auf solche Waren, die zollfrei aus England eingehen, ist nur ein Zuschlag für solche Waren anderer Herkunft von

$2^1/_2$ pCt. festgesetzt worden. In Neu-Seeland sind dann auch Bevorzugungen eingeführt insofern, als der Zoll auf Zement verdoppelt und auf nachstehende Artikel ausländischer Herkunft um die Hälfte erhöht ist: Korbwaren, Fahrräder, Stiefel, Kerzen, Wagen, Porzellanwaren, Uhren, Tauwerk, Cremor tartari, irdenes Geschirr, Steingut, Spielzeug, Feuerwaffen, Fische in Büchsen, Möbel, Glas, Glaswaren, Hartwaren, Eisenwaren, Hopfen, Nägel, Lampen, Klaviere, Tapeten, Papier, plattierte Waren und Pumpen. Ferner ist für solche Waren, die nicht englischen Ursprungs sind und die bisher zollfrei waren, ein Zoll von 20 pCt. festgesetzt. Die dadurch betroffenen Artikel sind: Fahrradteile, Gasmaschinen, Oelmaschinen, Gummischuhe, Eisen- und Stahldraht, Bleche, Bolzen, Stangeneisen, Druckpapier, Eisenbahn- und Trambahnschienen, Segeltuch, Leinwand, leichtes Segeltuch, ärztliche und zahnärztliche Instrumente. Neuseeland hat dagegen seinen bisherigen Zolltarif fortbestehen lassen, soweit die eingeführten Waren aus Großbritannien stammen. Der Zoll auf Tee aus englischen Besitzungen kommt in Wegfall. Außerdem sieht das neue Gesetz in Neuseeland Gegenseitigkeitsverträge mit solchen Ländern vor, die neuseeländischen Erzeugnissen Zugeständnisse gewähren.

Der australische Bund hat zwar einen Vorzugstarif für britische Waren noch nicht eingeführt, differenziert aber den Rübenzucker zu Gunsten des Rohrzuckers. Er hat außerdem für einzelne Artikel, die speziell aus Deutschland kommen, wie z. B. Klaviere, sehr hohe Zölle eingeführt.

In den Vereinigten Staaten von Amerika ist der mit Kuba abgeschlossene Handelsvertrag zur Annahme gelangt, in welchem die ersteren die Zölle auf kubanische Produkte um 20 pCt. ermäßigen und sich verpflichten, für den Fall, daß sie einen ähnlichen Vertrag mit einer anderen Macht abschließen, Kuba einen Vorzugssatz von 20 pCt. unter den mit irgend einem anderen Staate vereinbarten Sätzen einzuräumen. Kuba gewährt hingegen den Vereinigten Staaten von Amerika gegenüber anderen Staaten Zollerleichterungen von 10 bis 40 pCt., durchschnittlich 30 pCt. Um den Wünschen der amerikanischen Rübenzuckerproduzenten entgegenzukommen, ist ein Zusatz zu dem Vertrage vereinbart worden, wonach kubanischer Zucker, solange der Handelsvertrag in Kraft bleibt, keine größere Ermäßigung als 20 pCt. unter den durch das Gesetz vom 24. Juli 1897 festgestellten Sätzen erhalten; Zucker aus einem anderen Lande aber zu keinem niedrigeren Satze eingeführt werden darf, als durch das genannte Gesetz von 1897 bestimmt worden ist. Für Deutschland ist gegenwärtig die für kubanischen Zucker eingeführte Bevorzugung der wichtigste Umstand, der wohl geeignet ist, unseren deutschen Zucker außerordentlich zu schädigen. Denn die kubanische Zuckerproduktion wird mit Hilfe des amerikanischen Kapitals wahrscheinlich schnell steigen und würde schon schneller gestiegen sein, wenn mehr Arbeiter zu haben wären. Es ist eine Tatsache, daß die Ausfuhr von deutschem Zucker nach den Vereinigten Staaten sehr gelitten und jetzt fast ganz aufgehört hat. Ich glaube, daß unsere deutsche Zuckerindustrie sehr schweren Zeiten entgegengeht.

Meine Herren, dieses Begünstigungssystem ist in den englischen Kolonien eingeführt worden auf Betreiben des jetzt wohl größten englischen Staatsmannes Chamberlain, dessen Pläne aber noch viel weiter gehen. Diese Begünstigungen sind vorläufig einseitig dem Mutterlande von den Kolonien gewährt, was von den Kolonien sehr schmerzlich empfunden wird. Um diesen ein Aequivalent zu bieten, sie begünstigen zu können, beabsichtigt Chamberlain die Einführung von Zöllen auf Lebensmittel — das sind die hauptsächlichsten Einfuhrartikel aus seinen Kolonien —, um durch die Aufhebung oder Herabsetzung dieser Zölle den Kolonien für die Begünstigung der englischen Waren etwas bieten zu können. Aber Chamberlain geht weiter, er will überhaupt Schutzzölle einführen, um ein Kompensationsobjekt für die Verhandlungen mit den anderen Staaten zu haben. Ueber diese Frage ist jetzt in dem englischen Königreich ein lebhafter Kampf entbrannt, dessen Ergebnis noch nicht abzusehen ist.

Bei Betrachtung der Stellung, die Deutschland diesen Verhältnissen gegenüber einzunehmen habe, hob der Geschäftsführer hervor, daß eine erhebliche Schädigung der deutschen Ausfuhr erst eingetreten sei, als Kanada die von Deutschland verfügte Anwendung des autonomen Tarifes auf Waren kanadischer Herkunft mit einem Zuschlagszoll von 33⅓ pCt. auf deutsche Waren beantwortete. Damit war die deutsche Einfuhr in Kanada gegen die englische um 66⅔ pCt. und gegen diejenige aller anderen Länder um 33⅓ pCt. ungünstiger gestellt.

Der Berichterstatter fuhr nun fort: Wenn somit die deutsche Ausfuhr nicht nur in Kanada, sondern auch in den anderen Kolonien erschwert sei, und wenn England selbst zum Schutzzoll zurückkehren sollte, so habe ich die Ueberzeugung, daß unsere Industrie, wenn die Regierung fest genug ist, darauf zu bestehen, daß sich jene Begünstigung nur auf die englischen Waren erstrecken und daß allen anderen Ländern die gleichen Bedingungen gestellt werden, es möglich machen wird, mit allen Industrieländern und wohl auch mit England zu konkurrieren.

Diese meine Ueberzeugung schöpfe ich aus der außerordentlichen Entwickelung, die unsere Industrie in den letzten 30 Jahren genommen hat. Meine Herren. wer hat damals geglaubt, als wir in den siebziger Jahren für Einführung der Zölle eintraten, daß unsere Industrie nach 30 Jahren nicht nur auf dem Weltmarkt, sondern auf dem englischen Markte selbst vollständig wettbewerbsfähig mit allen Industrien und auch mit der englischen Industrie dastehen würde! Ich glaube, diese Entwickelung berechtigt zu der Annahme, daß die Tüchtigkeit und Gründlichkeit unserer deutschen Industriellen und Kaufleute es dahin bringen wird, daß wir auch ferner prosperieren werden trotz des handelspolitischen Zusammenschlusses des britischen Weltreiches.

Meine Herren, nun bitte ich Sie, mir zu gestatten, noch auf einen anderen Punkt eingehen zu dürfen. Ich möchte mit einem Wort zurückkommen auf die kontradiktorischen Verhandlungen, die beim Reichsamt des Innern in den vier Tagen vom 30. November bis zum 3. Dezember d. Js. über die Syndikate der Roheisen- und Halbzeug-Industrie geführt worden sind. Andere kontradiktorische Verhandlungen waren vorhergegangen in Bezug auf das Kohlensyndikat, auf das Koksyndikat und das Syndikat der Papierindustrie. Meine Herren, alle diese Verhandlungen haben einen im hohen Grade befriedigenden Verlauf genommen. Es ist eine Verständigung zwischen den verschiedenen Interessentenkreisen erreicht worden und namentlich ist in Bezug auf das Kohlensyndikat allseitig anerkannt worden, daß seine Wirksamkeit eine segensreiche im allgemeinen Interesse gewesen ist. Es wird anerkannt, daß Fehler von diesem Syndikat nicht gemacht worden sind, und das ist eine der erfreulichsten Erscheinungen, denen wir auf diesem Gebiete begegnen.

Anders ist die Sache verlaufen, meine Herren, bei den letzten viertägigen Verhandlungen. Die Regierung hatte einen Plan entworfen, daß besonders verhandelt werden sollte nach den einzelnen Erzeugnissen, auf die sich die Syndizierung erstreckte, demnach bezüglich des Roheisen-Syndikats auf Puddeleisen, Thomaseisen, Gießereieisen, bezüglich des Halbzeugs auf die verschiedenen Sorten, in denen es hergestellt wird: Knüppel, Platinen, Stabeisen u. s. w. Meine Herren, diese Unterscheidung hätte man sich ersparen können. Die ganzen Verhandlungen spielten sich ab in einem von äußerster Erbitterung getragenen Kampfe der einen Partei gegen die andere, in einem Kampfe der Verbraucher gegen die syndizierten Hersteller dieser Erzeugnisse. Bei diesem ganzen viertägigen Kampfe handelte es sich um die Vorwürfe, daß die Syndikate die Preise im Inlande zu hoch gehalten und im Auslande zu billig verkauft hätten.

Nun, meine Herren, dieser Zustand hätte nicht eintreten können, wenn nicht in der Tat von den Syndikaten Fehler gemacht worden wären. Aber, meine Herren, an die Spitze der Verhandlungen wurde das freimütige und unumwundene Zugeständnis seitens der Vertreter der Syndikate gestellt, daß diese Fehler hervorgegangen seien aus der unvollkommenen Organisation der Syndikate. Diese seien nicht als Selbstkäufer der Erzeugnisse ihrer Mitglieder aufgetreten, sondern das Syndikat hatte eigentlich nur die Rolle des Agenten für die betreffenden Mitglieder, die im übrigen ganz nach eigenem Ermessen über die Ausführung der getätigten Geschäfte zu verfügen hatten.

Die Vertreter der Syndikate knüpften an dieses Zugeständnis die Mitteilung, daß, nachdem die Fehler erkannt seien, ernstlich die Vervollkommnung der Organisation ihrer Syndikate in Angriff genommen worden sei; man werde Sorge tragen, daß ähnliche Mißgriffe nicht wieder vorkommen könnten.

Mit dieser Erklärung hätten sich die Gegner wohl zufrieden geben können, sie zogen es aber vor, das vorerwähnte bedauerliche Schauspiel aufzuführen.

Und nun zum Schluß bitte ich Sie, meine Herren, mir noch eine Bemerkung in Bezug auf meine persönliche Stellung zu den Syndikaten zu gestatten. Ich habe mich an den Verhandlungen beteiligt, und zwar in Vertretung der Syndikate. Mit Bezug hierauf ist mir von einer Seite, die mir sonst sehr wohlwollend gegenübersteht, doch der Vorwurf nicht erspart worden, daß ich lediglich die Interessen der großen, schweren Industrien zum Nachteil der verarbeitenden Industrien, der fertig fabrizierenden, der leichten Industrien, wie sie jetzt genannt werden, vertrete.

Meine Herren, was zunächst diesen Unterschied der schweren und leichten Industrien betrifft, so ist das eine Erfindung, die gemacht worden ist von den Gegnern des Centralverbandes, um zu behaupten, daß der Centralverband überhaupt nur die Interessen der schweren Industrien vertrete und daß die leichten in ihm eigentlich gar keine Vertretung und keine Beachtung fänden. Diese Behauptung wird in neuerer Zeit mit großer Beflissenheit von den Gelehrten des Handelsvertragsvereins verbreitet. Nun, meine Herren, sie beruht auf einer Fiktion. Es genügt nur ein flüchtiger Blick auf die Liste der korporativen Mitglieder des Verbandes, um Ihnen zu zeigen, daß die verarbeitenden Industrien, die Fertigfabrikate herstellenden Industrien viel umfangreicher in dem Centralverband vertreten sind, als die sogenannten schweren Industrien. Die Zahl der von der fertig fabrizierenden Industrie, die dem Centralverbande angehört, beschäftigten

Arbeiter ist auch viel bedeutender als diejenige der schweren Industrie. Wer sich mit der Geschichte des Centralverbandes einigermaßen vertraut gemacht hat, der wird auch wissen, daß die Vertretung der Interessen der sogenannten leichten Industrien den Centralverband und seine Arbeitskraft viel mehr in Anspruch genommen hat, als die der schweren Industrien. Das aber nebenbei.

Meine Herren, wenn ich die Partei der Syndikate nehme, so tue ich es nicht im Interesse der Syndikate selbst oder ihrer Mitglieder, sondern ich habe es getan, um den den Syndikaten zu Grunde liegenden Gedanken zu vertreten. Denn dieser Gedanke bedeutet eine neue Wirtschaftsform, die von größter Bedeutung für unsere Zukunft werden wird. Ich habe selbst hervorgehoben und zugegeben, meine Herren, daß diese neue Wirtschaftsform noch mit Mängeln und Fehlern behaftet in die Erscheinung tritt. Aber wo hätte es eine große Bewegung gegeben, die vollkommen wie die Göttin aus dem Meeresschaum hervorgetreten wäre! Alles menschliche Werk ist mangelhaft und bedarf der Verbesserung. Diejenigen aber, meine Herren, die heute aus diesen Mängeln schließen wollen, das Syndikats- oder Kartellwesen soll aus unserer Wirtschaft entfernt werden als etwas Unrühmliches, als etwas Schädliches, die verstehen ihre Zeit nicht. Denn ich habe die Meinung, daß in den Syndikaten und Kartellen unsere Zukunft liegt. In der Organisation der Industrie wird allein und hauptsächlich ihre Kraft liegen, die schweren Kämpfe, die schweren Verhältnisse, die ich heute genügend geschildert habe, zu überwinden; und, meine Herren, weil das meine Ueberzeugung ist, nicht den großen, schweren Industrien zuliebe, darum trete ich für die Syndikate ein, und ich glaube damit allen Interessen zu dienen.

(Lebhafter Beifall.)

Vorsitzender: Meine Herren! Sie haben durch Ihr Bravo den Dank, welchen ich dem Herrn Referenten aussprechen wollte, schon vorweg zum Ausdruck gebracht.

Indem ich die Generaldiskussion über den Vortrag des Herrn Bueck eröffne, gestatte ich mir eine Bemerkung. Es wird sich empfehlen, daß die Herren, welche das Wort zu diesem Vortrage nehmen wollen, mir angeben, zu welcher Materie sie sprechen wollen, um nachher in der Diskussion nicht ein Durcheinander von Reden über die verschiedenen Fragen zu hören, damit ich vielmehr die Rednerliste danach gestalten kann.

Gestatten Sie mir jedoch vorweg, eine Frage Ihnen vorzulegen. Es betrifft die Eingabe, von welcher der Herr Generalsekretär Bueck gesprochen hat seitens des Vereins Deutscher Papierfabrikanten und des Vereins der Fabrikanten landwirtschaftlicher Maschinen und Geräte. Die beiden Vereine sind an das Direktorium herangetreten um Unterstützung ihrer Wünsche bei der ständigen Tarifkommission durch den Ausschuß. Das Direktorium war jedoch der Meinung, selbständig dazu Stellung zu nehmen und hat also beschlossen, diese beiden Eingaben zu unterstützen. Dadurch ist natürlich diese Frage als selbständiger Punkt auf der Tagesordnung hinfällig. Es wird jedoch den betreffenden Interessenten anheim gegeben, nun eventuell den Antrag hier zu stellen, daß der ganze Ausschuß sich diesem Vorgehen des Direktoriums anschließen möge.

Das Direktorium hat schon deshalb Stellung zu den Eingaben genommen, weil es der Meinung war, daß, wenn wir einen solchen Antrag auf die Tagesordnung einer Ausschußsitzung setzen, wir dadurch ein Präzedens schaffen, welches zweifellos sehr viel Nachfolger haben würde, wir würden überschwemmt werden für die Ausschußsitzungen mit Tariffragen. Es ist aber, glaube ich, nicht die Aufgabe des Ausschusses, sich mit solchen Fragen intensiver zu beschäftigen, sondern es ist dies eine Aufgabe des Direktoriums. Im gegenwärtigen Moment liegt die Frage etwas anders, und ich nehme an, daß Herr Generalsekretär Ditges seinen Antrag gern verteidigen möchte.

Generalsekretär **Ditges**-Berlin: Meine Herren, zunächst danke ich dem Direktorium des Centralverbandes für die liebenswürdige Unterstützung, die es unserem Antrage, betr. die Tarifierung von Papier auf deutschen Eisenbahnen, bereits gewährt hat. Ich möchte allerdings den Ausschuß des Centralverbandes bitten, auch seinerseits unseren Antrag zu unterstützen, der sich auf eine anderweitige Tarifierung von Papier auf den deutschen Eisenbahnen bezieht. Wenn Sie gestatten, werde ich in Kürze die Verhältnisse vortragen, die uns zu unserem Antrage geführt haben.

Meine Herren, es liegen vielleicht in keiner Industrie die Tarifverhältnisse so ungünstig, wie gerade in unserer Papierindustrie. Es hängt das auch teilweise damit zusammen, daß sich hier die Technik vollständig verändert und große Fortschritte gemacht hat, und daß die Ansprüche an die Verwendung der verschiedenen Papiersorten sich bedeutend gesteigert haben, so daß hierin eine vollständige Verschiebung eingetreten ist.

Gestatten Sie mir, daß ich erst in Kürze einige Bemerkungen über die historische Entwickelung unseres Papiertarifes mache. Wir haben uns im übrigen gestattet, unsere Denkschrift hier zu überreichen. Ich möchte Sie bitten, sich etwas eingehender noch damit zu beschäftigen, als es mir in meinen Ausführungen bei der Kürze der Zeit möglich ist, und als ich es auch Ihnen bei der verhältnismäßigen Trockenheit dieses Stoffes hier zumuten möchte.

Meine Herren, bei der Reorganisation des deutschen Tarifwesens wurde Papier aller Art in die allgemeine Wagenladungsklasse verwiesen, ausgenommen waren nur Packpapiere aller Art und Strohpapier, auch geklebte Düten in verschnürten Packen oder Ballen. Es zeigte sich sehr bald, daß diese Bestimmung außerordentlich ungünstig und ungenügend war, insofern, als es ja Packpapier von der allerverschiedendsten Art und von dem verschiedensten Wert gibt. Damals kam die Verwendung von Zellstoff zu Packpapier immer mehr auf, und die Eisenbahndirektionen sahen sich gezwungen, hochwertige Zellstoffpapiere nach dem Spezialtarif I zu verfrachten, während minderwertige Holzstoffpapiere, die nicht zu Verpackungszwecken dienten, nach wie vor nach der allgemeinen Wagenladungsklasse gingen.

Um dieses Mißverhältnis, das ja sehr bald erkannt wurde, zu beseitigen, beschäftigte sich sowohl die Ständige Tarifkommission als auch der Verein Deutscher Papierfabrikanten andauernd mit der Frage der Tarifierung von Papier. Es wurden Zusätze gemacht, Abstriche vorgenommen u. s. w. Jedenfalls wurde fortwährend die Frage untersucht, und schließlich ergab sich als Resultat einer beinahe 25 jährigen Arbeit die merkwürdige Fassung, die Sie auf Seite 6 unserer Denkschrift finden. Hiernach gilt die allgemeine Wagenladungsklasse für alle Papiersorten mit Ausnahme der in den drei Positionen genannten, einzeln aufgezählten Papiere, die nach Spezialtarif I verfrachtet werden.

Ferner wird nach Spezialtarif I verfrachtet: Holzstoff und Holzzellstoff. Schließlich geht alles Papier zur Ausfuhr nach Spezialtarif II.

Meine Herren, damit, daß unser Ausfuhrpapier nach Spezialtarif II verfrachtet wird, sind wir im ganzen einverstanden. Es wäre vielleicht wünschenswert, wenn es noch einen niedrigeren Tarif bekäme, aber damit ist wohl vorerst nicht zu rechnen.

Dagegen möchte ich mir gestatten, Ihnen nachzuweisen, daß die Fassung, wie sie für die Papiere des Spezialtarifs I gewählt ist, absolut unklar ist. Sie finden, daß nach Spezialtarif I gehen soll: Packpapier — und nun werden die einzelnen Sorten aufgeführt. Darunter finden Sie auch Holzstoffpapier. Die Verbindung der Begriffe Packpapier und Holzstoffpapier hat zu den jetzigen Schwierigkeiten und Unklarheiten geführt.

Gestatten Sie, daß ich Ihnen dazu einige technische Ausführungen mache. Man sollte meinen, daß der Begriff Packpapier ohne weiteres klar ist; das ist aber absolut nicht der Fall, denn es gibt heutzutage kaum eine Papiersorte, die ausschließlich zu Packzwecken verwendet würde. Andererseits werden heute zu Packzwecken Sorten benutzt, an deren Verwendung hierzu man früher gar nicht gedacht hat. Wenn Sie heute die feinen Verpackungen von Konfekt, Schokolade, ferner von Parfüms, Seifen u. s. w. ansehen, so finden Sie da die allerfeinsten und besten Papiersorten, die jedenfalls einen sehr hohen Wert haben; sie haben alle einen gemeinsamen billigen Tarif mit den gewöhnlichen Papieren, von denen man ursprünglich ausgegangen ist und wobei man wohl an die Holzfaser- und Strohpapiere gedacht hat. Das sind die Papiere, mit denen man heute allenfalls noch grüne Seife verpackt, aber auch das kaum mehr. Infolgedessen stellt sich die Ungerechtigkeit auf der Eisenbahn heraus, daß sehr hochwertige Papiere nur deshalb, weil sie zu Packzwecken verwendet werden, nach Spezialtarif I gefahren werden, während andere Papiere bloß deswegen, weil sie nicht zu Packzwecken dienen, nach der allgemeinen Wagenladungsklasse verfrachtet werden.

Nun ist auch noch der sehr unglückliche Ausdruck „Holzstoffpapier" eingesetzt worden. Als der Tarif gemacht wurde, hat man wohl noch nicht daran gedacht, daß jemals Zellstoff in solchem Umfange zur Papierherstellung gebraucht werden würde, wie es jetzt der Fall ist. Ich brauche Ihnen nicht zu sagen, daß wir zweierlei Rohmaterialien für Papier haben, den rein mechanisch hergestellten Holzschliff, der durch Schleifen von Langhölzern hergestellt wird unter Zusatz von Wasser, und den chemisch bereiteten Zellstoff (Cellulose), der die chemisch reine Holzfaser darstellt. Ich sehe da von Lumpen und anderen besseren Materialien ab, die für unsere Frage nicht in Betracht kommen. Diese beiden Stoffe werden gemischt und ergeben je nach den Verhältnissen ihrer Mischung verschiedene Papiersorten. Wenn nun im Tarif von Holzstoffpapier die Rede ist, so weiß die Eisenbahndirektion heute nicht, und wir wissen es sämtlich auch nicht, es weiß es überhaupt kein Mensch, ob unter Holzstoff lediglich der mechanisch hergestellte Holzschliff verstanden werden soll, oder ob darunter auch die chemisch bereitete Holzfaser, der Zellstoff, fällt, und wir wissen ferner nicht, wie weit die Mischung der beiden Stoffe noch dazu berechtigt, ein Papier nach Spezialtarif I zu verfrachten. Ich möchte dazu bemerken, daß Holzstoffpapier in dem Sinne, daß darunter aus reinem Holzschliff verfertigtes Papier verstanden wird, überhaupt nicht existiert, abgesehen von dem sogenannten Braunholzpapier, das noch verwickelten chemischen Prozessen unterworfen wird. Wir müssen also annehmen, daß unter Holzstoffpapier auch

Papiere aus Holzschliff und Zellstoff zu verstehen sind. Wie weit die Beimischung von Zellstoff gehen darf, darüber sind wir gänzlich im unklaren, ebenso auch darüber, ob auch reine Zellstoffpapiere als „Holzstoffpapier" anzusehen sind. Diese Unklarheit ist so weit gegangen, daß die preußischen Eisenbahndirektionen bestimmt haben: „Deklariert Ihr Euer Papier als Packpapier und als Holzstoffpapier, dann könnt Ihr es nach Spezialtarif I verfrachten". Wer also von den Papierfabrikanten ein genügend weites Gewissen hat, um Papier als Packpapier und Holzstoffpapier zu deklarieren, auch wenn es vielleicht zu ganz anderen Zwecken gebraucht wird, hat die Möglichkeit sein Papier nach Spezialtarif I zu verfrachten.

Meine Herren, das sind doch Zustände, die auf die Dauer unhaltbar sind, und wir haben uns bemüht, einen Ausweg aus diesen Verhältnissen zu finden. Dieser Ausweg besteht darin, daß wir beantragt haben, alles Papier nach der Tara, also nach der Verpackung zu deklarieren. Es ist nicht möglich, die einzelnen Sorten genau zu unterscheiden. Wir können doch nicht in jeder Verfrachtung den Wert des Papiers angeben, damit es unterhalb einer gewissen Wertstufe nach Spezialtarif I, oberhalb derselben aber nach der allgemeinen Wagenladungsklasse verfrachtet werden könnte. Deswegen sind wir zurückgegangen auf die Tara und haben beantragt, daß alles Papier nach Spezialtarif I verfrachtet wird mit Ausnahme der Papiere, die in Kisten verpackt werden. Die Berechtigung dieses Antrages liegt in der Tatsache, daß die feinen und hochwertigen Papiere im großen und ganzen in Kisten verpackt werden, weil sie dadurch auf dem Transport besser geschützt werden. Weil sie schwerer sind als die anderen Papiere, würden sie in Ballen rutschen und gleiten und dadurch in beschädigtem Zustande ankommen. Bessere Papiere werden fast niemals in Rollen versandt, schon deswegen nicht, weil sie zu Zwecken bestimmt sind, für die die Rolle nicht die geeignete Vorbereitung sein würde.

Dafür, daß wir gerade heute mit unserem Antrage besonders dringlich hervorgetreten sind, liegt ein besonderer Grund insofern vor, als die Eisenbahndirektion Kattowitz Vorschläge betr. die Abänderung der Papiertarife gemacht hat, die Sie auch in unserer Denkschrift finden, und von denen wir überzeugt sind, daß sie die heutige Verwirrung, Ungerechtigkeit und Unklarheit nur noch steigern würden. Wir sind deswegen gerade jetzt mit unserem Antrage an die Ständige Tarifkommission wieder herangetreten. Die Ständige Tarifkommission hat die Frage in einen Unterausschuß verwiesen, und der Unterausschuß wird voraussichtlich im Januar zusammentreten, um seinen Entschluß zu fassen. Sie sehen, daß die Sache eilt, meine Herren, und wir möchten Sie deshalb bitten, möglichst bald Ihren Entschluß zu fassen, möglichst heute, um uns in unserem Bestreben zu unterstützen.

Gegen unseren Antrag sind verschiedene Einwendungen gemacht worden. Die Frage ist nämlich bereits einmal im Jahre 1899 in der 67. Sitzung der ständigen Tarifkommission behandelt worden und unser Vorschlag ist damals abgelehnt worden aus zwei Gründen: erstens, weil die Eisenbahndirektionen davon Einnahmeausfälle befürchteten, und zweitens, weil sich aus der Papierfabrikation selbst Widerspruch gegen unsere Anträge erhoben hatte.

Was zunächst die Einnahmeausfälle der Eisenbahn betrifft, so glauben wir nicht, daß sie so außerordentlich bedeutend sein würden. Die Verwendung von Kisten zur Verpackung von Papier nimmt andauernd zu; deshalb ist nicht zu befürchten, daß etwa infolge der Annahme unseres Antrages nun die Versendung von Rollen oder Packen sich steigern würde. Ferner wird ja die größere Menge der Papiere, die überhaupt in Betracht kommen könnten, heute schon nach Spezialtarif I verfrachtet, wenn auch, wie ich glaube nachgewiesen zu haben, zum Teil per nefas. Es ist kaum anzunehmen, daß die Detarifierung, um die es sich hier handeln würde, eine sehr bedeutende sein könnte. Die Eisenbahndirektionen haben ihren Ausfall im Jahre 1899 auf etwa 500 000 Mk. geschätzt. Wir glauben, daß der Einnahmeausfall lange nicht so bedeutend sein wird, schon aus dem Grunde nicht, weil ja die Länge der einzelnen Sendungen eine größere werden muß, denn die Papierfabrikation hat ein dringendes Bedürfnis danach, sich auszudehnen. Es werden unaufhörlich neue Maschinen aufgestellt, alte Maschinen werden modernisiert, und infolgedessen wird die Papierfabrikation mehr und mehr dazu gedrängt, sich zu spezialisieren. Eine Spezialisierung ist aber nur möglich, wenn ein größerer Markt für die betreffende Sorte vorhanden ist. Infolgedessen würde eine Detarifierung unzweifelhaft wohltätig auf die Papierfabrikation einwirken. Es wird aber dadurch auch erreicht werden, daß der Durchschnitt der Beförderungsstrecken länger und die beförderten Mengen größere werden, wodurch sich der Ausfall der Eisenbahnen verringern, wenn nicht gar in eine Mehreinnahme verwandeln wird.

Was nun die Einwendungen von seiten der Papierfabrikanten selbst betrifft, so gehen sie dahin, daß sie durch eine weitergehende Detarifierung in ihrem bisherigen Absatzgebiet durch die billiger arbeitende Konkurrenz bedrängt und verdrängt werden könnten. Meine Herren, wir befürchten das nicht. Es ist wohl möglich, daß die eine oder andere weniger leistungsfähige Papierfabrik vorübergehend geschädigt werden könnte; im großen und ganzen wird sich aber auch hier als eine Folge des Fortschritts in der Tarifierung ein Fortschritt in der Technik bemerkbar machen, und es werden wohltätige Folgen auch für die Papierfabriken selbst eintreten, die vielleicht heute glauben, daß sie durch unseren Antrag benachteiligt werden könnten.

Aus diesen Gründen, meine Herren, möchten wir Sie bitten, sich unserem Antrage anzuschließen, der dahin geht, daß die Positionen 1—3 des Spezialtarifs I gefaßt werden möchten:

„Papiere und Pappen aller Art, nicht weiter verarbeitet, mit Ausnahme von Papieren in Kisten."

Es ist hierzu noch ein Ergänzungsantrag gestellt, der von der Ständigen Tarifkommission selbst angeregt worden ist und der eine Erklärung der Worte „nicht weiter verarbeitet" bezweckt. Es heißt da:

„Papier, das auf der Oberfläche nachgeleimt," — alles Papier, das zu Druckzwecken und Schreibzwecken verwendet wird, wird geleimt, während z. B. Löschpapier ungeleimt ist, — „gestrichen", — für Kunstdruckzwecke — „satiniert", — d. h. durch den Kalander gegangen ist, — wie z. B. feine Druckpapiere, — „durch Aufeinanderkleben mehrerer Lagen hergestellt", — das würde sich z. B. mit auf Karton beziehen, — „oder in Bogen oder kleine Rollen zerschnitten ist, gilt nicht als weiter verarbeitet".

Ich möchte bemerken, daß sich bereits eine große Anzahl von Handelskammern — Sie finden sie auf Seite 31 unserer Denkschrift vermerkt — unserem Antrage angeschlossen, daß auch eine Reihe wirtschaftlicher Vereine ihn befürwortet hat. Es würde jedenfalls von größter Bedeutung sein und auf die Ständige Tarifkommission und auf die Eisenbahndirektionen seinen Eindruck nicht verfehlen, wenn auch der Centralverband Deutscher Industrieller sich unserem Antrage anschließen wollte.

Generaldirektor **Werminghoff**-Berlin: Meine Herren, ich will nicht für oder gegen den vorliegenden Antrag sprechen. Ich will aber doch aus dem Umstande, daß ein derartiger Antrag hier vorliegt, und aus den Bemerkungen, die der Herr Vorsitzende über die Behandlung derartiger Anträge gemacht hat, die prinzipielle Frage anregen, ob es sich empfiehlt, derartige Anträge auf Tarifänderungen und Tarifierung von Waren gerade durch den Centralverband zu vertreten. Ich kann mich der Befürchtung nicht erwehren, daß, wenn der Centralverband sich zum Befürworter derartiger Anträge macht, möglicherweise solche Anträge auf Tarifherabsetzung, auf Einführung besonderer Tarife, auf Detarifierung u. s. w. sich häufen könnten, und daß dann doch nach der ganzen Natur des Centralverbandes und der Zusammensetzung seiner Mitglieder, unter denselben und den im Centralverbande vertretenen Körperschaften Meinungsverschiedenheiten auftreten und Gegensätze über diese Anträge innerhalb des Centralverbandes entstehen könnten. Ich meine, für Tarifanträge sind doch die Bezirkseisenbahnräte bezw. der Landeseisenbahnrat die richtige Stätte.

(Sehr richtig!)

Wir sind doch auch hier gar nicht in der Lage, wir haben das Material nicht, um zu derartigen Fragen Stellung nehmen zu können,

(sehr richtig!)

und ob wir die Entscheidung über derartige, manchmal für eine einzelne Industrie außerordentlich wichtigen Dinge, über Dinge, die nicht von allen Industriellen immer gleich beurteilt werden können, auch wenn sie zu demselben Industriezweig gehören, — ob wir diese Entscheidung lediglich in die Hand des Direktoriums legen wollen, weiß ich nicht. Ich meine aber, da wir doch durch die Einrichtung der Bezirkseisenbahnräte und des Landeseisenbahnrates in der Lage sind, unsere Wünsche, sei es von einzelnen, sei es von Körperschaften, an der Stelle zu vertreten, die dazu geschaffen ist, sollten wir nicht durch Annahme derartiger Anträge im Centralverband möglicherweise Differenzen innerhalb unserer Mitglieder schaffen. Die Fragen der Tarifermäßigungen sind so tief eingreifend, es werden Tarifermäßigungen von verschiedenen Angehörigen derselben Industrie so verschieden beurteilt, daß man doch nicht so ohne weiteres hier durch Beschlüsse des Direktoriums, denen sich der Ausschuß anschließt, die Sache erledigen kann.

Ich möchte diese prinzipielle Seite der Sache bei dieser Gelegenheit nicht unerwähnt lassen.

van den Wyngaert-Berlin: Meine Herren, ich schließe mich zunächst den Worten des Herrn Vorredners an und muß offen gestehen, daß ich für meine Person mich außer Stande fühle, irgendwie mich über den Antrag zu äußern, der hier gestellt worden ist, denn die Materie ist uns heute erst in die Hände gekommen, und Sie werden mir zugestehen, daß nicht die Möglichkeit vorhanden gewesen ist, während man den interessanten Vortrag des Herrn Geschäftsführers anhörte, diese Denkschrift zu studieren. Es ist ganz unmöglich, in dieser Frage ein Votum seitens des Ausschusses abzugeben, es sei denn, daß die andern Herren vielleicht früher im Besitze dieser Denkschrift gewesen wären. Ich halte es für vollständig undurchführbar. Ich bin seit Anfang des Bestehens des Landeseisenbahnrats Mitglied desselben und habe die Erfahrung gemacht, daß man immer das audiatur et altera pars ganz genau beobachten muß, daß man hier die verschiedenen Parteien anhören muß, damit nicht Verschiebungen eintreten infolge des Beschlusses über einen solchen Antrag. Ich bitte den Ausschuß, sich über die Frage nicht auszusprechen.

Vorsitzender: Meine Herren, an und für sich kann ich mich den Ausführungen des Herrn Generaldirektors Werminghoff vollständig anschließen, das war ja auch der leitende Gedanke des Direktoriums, die Frage nicht ex officio vor den Ausschuß zu bringen. Jedoch bei der Unterhaltung im Direktorium war auch ein Mitglied des Ausschusses der Verkehrsinteressenten der Ständigen Tarifkommission, und das hat uns Mitteilungen über die Frage gemacht, welche das Direktorium allerdings sehr geneigt machten, dieser Frage näher zu treten und auch seine Zustimmung zu geben. Ich bin nicht in der Lage, dies näher ausführen zu dürfen. Aber das waren die leitenden Momente, weshalb wir überhaupt an die Sache herangetreten sind. An und für sich gebe ich den Anschauungen des Herrn Generaldirektors Werminghoff vollständig recht, daß es nicht Aufgabe namentlich des Ausschusses sein kann, durch solche Anträge eventuell Differenzen zwischen einzelnen Mitgliedern hervorzurufen. Aber dieser Fall liegt anders, und deshalb hat das Direktorium als solches seine Stellung dazu genommen. Ich muß es selbstverständlich dem Ausschuß anheim geben, ob derselbe dem Direktorium beitreten will oder nicht. Ein Antrag liegt einstweilen noch nicht vor.

Generalsekretär **Bueck:** Meine Herren, ich möchte noch etwas hinzufügen zu den Ausführungen des Herrn Vorsitzenden. Die Bemerkungen der beiden Herren Vorredner, des Herrn Generaldirektors Werminghoff und des Herrn van der Wyngaert haben jedenfalls sehr viel für sich. Wollten wir sie aber als prinzipiell maßgebend für die Tätigkeit des Centralverbandes auffassen, so würde darin gewissermaßen das Verbot liegen, uns überhaupt mit Verkehrsfragen dieser Art, mit Eisenbahntariffragen, wozu auch alles übrige gehört, zu beschäftigen, und, meine Herren, das würde doch nicht richtig sein. Wir können eine solche Beschränkung uns prinzipiell nicht auferlegen. Es können immer Fragen hervortreten, die unsere Beschäftigung auch mit den einzelnen Sachen des Tarifwesens wünschenswert, nötig erscheinen lassen. Es wird natürlich mit Auswahl verfahren werden müssen. In jedem Falle wird ja, wenn die Sache an den Ausschuß herantritt, er auch die Entscheidung haben, ob er sich damit befassen will oder nicht. Aber maßgebend für seine Entschließung wird ja auch der Umstand sein, ob eine solche Frage von einem Einzelnen angeregt wird oder ob ein ganzer großer Verband mit ziemlicher Einstimmigkeit unter seinen Mitgliedern eine Sache vor das Forum des Centralverbandes bringt. Sie werden ja zu entscheiden haben, ob das hier der Fall ist oder nicht.

Es ist ja zuzugeben, daß Sie sich mit der Materie selbst nicht beschäftigen können. Soweit ich zugehört habe, ist aber doch das Referat des Herrn Vertreters der Papierindustrie ein sehr eingehendes gewesen, so daß Ihnen doch die Möglichkeit nicht ganz entzogen ist, im vorliegenden Falle eine Entscheidung zu treffen, die ja, wie ich vollständig zugebe, Ihnen anheim gestellt werden muß. Ich mußte aber von meinem Standpunkte aus dem entgegentreten, daß durch eine prinzipielle Auslegung unserer Statuten oder überhaupt unserer Bestrebungen es uns für die Zukunft verwehrt sein sollte, uns überhaupt mit Verkehrsfragen zu beschäftigen.

Generalsekretär **Ditges**-Berlin: Meine Herren, ich möchte mich sowohl dem, was die beiden Herren eben gesprochen haben, wie auch dem, was Herr Generalsekretär Bueck gesagt hat, vollkommen anschließen. Ich meine aber auch, der Fall liegt doch hier etwas besonders. Ich möchte zunächst darauf aufmerksam machen, daß ja im § 2 der neuen Satzungen des Centralverbandes als Aufgabe des Verbandes aufgeführt worden ist, die Vereinfachung und günstigere Gestaltung der Tarife. Also, meine Herren, daraus geht doch hervor, daß von vornherein die Beschäftigung mit Tariffragen als eine der Aufgaben des Centralverbandes erachtet worden ist. Ich möchte fragen, wie denn überhaupt diese Beschäftigung mit dem Tarifwesen möglich sein soll, wenn darüber nicht hier im Ausschuß beraten werden darf, ob nun in einem Falle eine Tarifmaßnahme befürwortet werden soll oder nicht. Ich glaube aber, daß auch die Fassung des Statuts für uns besonders spricht, denn wir wünschen ja viel weniger eine Detarifierung, als eine Vereinfachung der Tarifirung. Ich habe mir gestattet, in meinem Referat den Hauptwert auf den Nachweis zu legen, daß die Tarifverhältnisse für die Papierindustrie so unklar liegen wie für keine andere Industrie. Wir wissen nicht, woran wir sind, und ich möchte sogar sagen: es ist bei uns eine Prämie auf die Unmoral gesetzt, auf die ungenaue Tarifierung. Wer heute den Mut hat, sein Papier als Packpapier und als Holzstoffpapier zu tarifieren, der kann sich ohne weiteres die billigen Sätze des Spezialtarifs I und seiner Konkurrenz gegenüber dadurch einen Vorteil verschaffen. Meine Herren, ein solcher Tarif selbst ist unmoralisch, und wenn ich nicht soweit gehen will, er ist mindestens unklar. Hier soll nun eine Vereinfachung des Tarifs, wie es in Ihren Statuten heißt, geschaffen werden, und deshalb glaubten wir, daß der Centralverband auch hierfür die richtige Stelle sein würde.

Nun kommt aber noch etwas anderes hinzu, meine Herren. Die Papierfabrikation ist ja, wenn ich so sagen soll, eine in sich sehr abgeschlossene Industrie, sie hängt nicht mit anderen Industrien zusammen, die im Centralverbande vertreten sind. Es wird niemand im Centralverbande Deutscher Industrieller irgendwie einen Nachteil davon für sich zu befürchten haben, wenn die Papierfabrikation eine Verbilligung oder richtiger Vereinfachung ihrer Tarifsätze bekommt, und wenn sie dadurch in die Lage versetzt wird, sich weiter auszudehnen, als es bisher der Fall gewesen ist.

Meine Herren, wie ich Ihnen auch schon nachgewiesen habe, handelt es sich hier gewissermaßen um ein nationales Interesse, daß nämlich die Papierfabrikation im Inlande mit ihren Produkten weiter als bisher gehen kann, und daß sie sich auf Grund dieser größeren Versendungsmöglichkeit spezialisieren kann. Wir haben ebenso, wie es Ihnen Herr Generalsekretär Bueck bezüglich unserer gesamten Ausfuhr schon angeführt hat, auch für die Papierfabrikation damit zu rechnen, daß uns auf die Dauer der Auslandsmarkt versperrt, oder daß uns wenigstens der Kampf mit dem Auslandsmarkt außerordentlich erschwert wird. Wir wissen dann nicht mehr, wohin wir mit dem Ueberschuß der Papierfabrikation sollen. In der Papierfabrikation nimmt leider, wie vielleicht in keiner anderen Industrie, die Ueberproduktion immer mehr zu, und wir müssen in unserem eigenen Ueberfluß ersticken, wenn uns später die Ausfuhr verhindert oder beschränkt wird. Deshalb müssen wir spezialisieren, und spezialisieren können wir nur, wenn nicht ein kleines Gebiet das Absatzgebiet unserer Fabriken bildet, sondern wenn das ganze deutsche Wirtschaftsgebiet den Absatzmarkt abgibt. Deshalb sind diese Tarifmaßnahmen für uns von so außerordentlich hoher Bedeutung, und wir möchten Sie nochmals bitten, nationale und allgemein wirtschaftliche Gesichtspunkte gelten zu lassen und in diesem Punkte nicht eine Ausnahme von Ihrem Statut, aber eine Ausnahme von Ihrer allgemeinen Uebung zu machen und unseren Antrag im Ausschuß zu befürworten. So außerordentlich schwierig liegen ja die Verhältnisse nicht, daß man sich nicht aus dem Studium dieser ziemlich eingehenden Denkschrift und auch vielleicht mit Hilfe dessen, was ich mir erlaubt habe, Ihnen hier vorzutragen, ein Bild von dem Sachverhalt machen könnte. Wenn Sie hierzu im stande sind, meine Herren, dann beantragen wir, wie gesagt, recht dringend, daß Sie uns in unseren Bestrebungen, die jetzt schon 25 Jahre zurückgehen und zu keinem Resultat geführt haben, die aber jetzt vor der Entscheidung stehen, unterstützen möchten.

Generaldirektor **Werminghoff**-Berlin: Meine Herren, ich habe ja von vornherein erklärt, daß ich nicht gegen den Antrag bin, sondern nur gegen das Prinzip, und aus der Erklärung, die das Direktorium in Bezug auf die Behandlung derartiger Tariffragen uns gegeben hat, glaube ich, können wir die Beruhigung schöpfen, daß diese Behandlung in der Weise erfolgen wird in Zukunft, daß nicht die einseitigen Anträge, mögen sie nun von Einzelnen oder auch von großen Körperschaften herrühren, hier zum Gegenstande der Beratung gemacht werden.

Ich glaube nach dieser Erklärung auch, daß es keinem Bedenken unterliegt in diesem Falle, den Wunsch auf Annahme des Antrages der Papierfabrikanten zu erfüllen. Ich für meine Person will gestehen, daß ich durch die Ausführungen des Herrn Ditges zu der Anschauung gekommen bin, daß hier ein begründetes Petitum vorliegt. Aber ich kann bei der Gelegenheit nicht dringend genug warnen, doch in Bezug auf die Behandlung von Tariffragen recht vorsichtig zu sein, und ich erinnere daran, daß die Praxis bis jetzt wohl so geübt worden ist, daß in der Tat die großen Tariffragen, also der Rohstofftarif, der Seeplatztarif und andere nicht hier, sondern im Landeseisenbahnrat bezw. den Bezirkseisenbahnräten beraten wurden. Dort hat ja die Industrie vollständig Gelegenheit, ihre Anschauungen und Wünsche geltend zu machen.

Bergwerksdirektor **Graeßner**-Staßfurt: Meine Herren, ich halte die heutigen Verhandlungen insofern für etwas eigenartig, als wir nur den einen Interessenteil hören. Wir haben auch keinen Korreferenten über die Angelegenheit gehört, was ich für durchaus bedenklich halte. Es sind jedenfalls eine Anzahl Mitglieder der Bezirkseisenbahnräte oder der Ausschüsse derselben hier anwesend. Auf diese muß es doch einen eigenartigen Eindruck machen, wenn eine derartige Vorlage zur Verhandlung gebracht wird, und uns nicht einmal die Gelegenheit gegeben wurde, die Eingabe zunächst zu lesen oder einen Korreferenten zu hören. Ich halte die Angelegenheit entschieden nicht für spruchreif und befürchte, daß die anwesenden Mitglieder der Bezirkseisenbahnräte bei einer solchen Praxis den Beschlüssen des Centralverbandes wenig Wert beilegen werden.

Wenn die Eingabe auch die Unterstützung des Verbandes zu verdienen scheint, so müssen wir doch bedenken, daß die Eingabe nur von einem an der Angelegenheit sehr beteiligten Herrn empfohlen wird und dürfte es daher nur gerecht sein, daß wir auch die andere

Partei hören, beziehungsweise uns über die nicht leicht zu beurteilende Angelegenheit unterrichten. Mir scheint ja die Sache so, daß wir in der nächsten Sitzung ohne weiteres unsere Zustimmung geben werden, aber ich glaube, gerade die Antragsteller müssen selber den allergrößten Wert darauf legen, daß der Antrag genügend durchgearbeitet wird und das scheint mir formell nicht der Fall zu sein.

Vorsitzender: Ich möchte dem Herrn Vorredner auf den Vorwurf antworten, der gewissermaßen darin liegt, daß kein Korreferent bestellt worden ist. Meine Herren, seitens des Direktoriums ist, wie ich mir schon auszuführen erlaubte, der Antrag überhaupt nicht auf die Tagesordnung gesetzt worden, sondern die Unterhaltung ergibt sich lediglich auf Grund des Referats des Herrn Generalsekretärs; das Direktorium als solches hat keine Stellung zu dieser Frage genommen, und es ist einfach eine Frage, welche Herr Generalsekretär Ditges Ihnen vorgelegt hat, ob sich der Ausschuß damit beschäftigen will. Also das Direktorium trifft für mangelnde Vorbereitung in dieser Frage durchaus kein Vorwurf, und wenn Sie den haben machen wollen. —

(Zuruf: Nein, nein, durchaus nicht! Das lag mir ganz fern!)

Es würde sich jetzt nur darum handeln, ob die Versammlung geneigt ist, auf die Verhandlung überhaupt weiter einzugehen, oder ob sie geneigt ist, direkt dem Antrage des Herrn Generalsekretär Ditges zuzustimmen. Meiner Meinung nach würde man so verfahren können, daß ich die Frage stelle: ist der Ausschuß bereit, auf die Frage einzugehen, malgré der Abwesenheit eines Korreferenten und malgré der nicht vollkommenen Information der einzelnen Mitglieder des Ausschusses, jedoch in Rücksicht auf die Stellungnahme, welche das Direktorium dazu genommen hat, oder will der Ausschuß sagen: non liquet, wir sind noch nicht orientiert, wir setzen die Sache von der Tagesordnung ab. Das sind meiner Meinung nach die Fragen, die zu stellen sind.

Generalsekretär **Ditges**-Berlin: Meine Herren, soweit in den Worten meines verehrten Herrn Vorredners etwa ein Vorwurf gelegen haben sollte — ich habe es nicht so aufgefaßt — möchte ich ihn für den Verein Deutscher Papierfabrikanten zurückweisen. Wir sind rechtzeitig an den Centralverband herangetreten und haben gebeten, die Angelegenheit auf die Tagesordnung der nächsten Delegiertenversammlung zu setzen. Wir glaubten dabei auf den Statuten fußen zu können, die hier die Beschäftigung mit Tariffragen zulassen. Nun hat das Direktorium es für richtig gehalten, den Antrag in der Weise zu behandeln, wie es Herr Generalsekretär Bueck bereits in seinem allgemeinen Referat empfohlen hat, daß es mir nämlich überlassen werden sollte, hier einen Antrag zu stellen. Infolgedessen ist es natürlich nicht möglich gewesen, die verehrten Herren Mitglieder des Ausschusses vorher durch Einsendung der Denkschrift zu orientieren, und ich glaubte das heute hier nachholen zu müssen. Im übrigen gebe ich ohne weiteres zu, daß es auch viel mehr in unserem Interesse läge, wenn der Antrag genauer .vorbereitet und vielleicht später in Rede und Gegenrede hier erörtert werden könnte. Aber, meine Herren, wir befinden uns in einer Notlage. Anfang Januar tritt bereits der Unterausschuß der Ständigen Tarifkommission zusammen, und wenn bis dahin das Votum des Centralverbandes nicht vorliegt, so wird es für uns, ich will nicht sagen zwecklos, aber jedenfalls wird es nicht die Zwecke erfüllen, die es erfüllen soll. Ich habe Ihnen ja bereits mitgeteilt, daß der Antrag in der Ständigen Tarifkommission selbst einer Unterkommission überwiesen wurde, die besteht aus den Eisenbahndirektionen Berlin, München, Dresden, Kattowitz und Elberfeld, aus Herren Geheimrat Arnhold, Geheimrat Michel und endlich dem Herrn Geheimrat von Weidert in München. Diese Kommission wird unzweifelhaft im Januar zusammentreten, wird ihr Votum fällen und im Februar ihr Urteil der Ständigen Tarifkommission und dem angeschlossenen Ausschuß der Verkehrsinteressenten einreichen, und dann fällt für uns die Entscheidung.

(van den Wyngaert: Nein!)

Herr van den Wyngaert sagt nein, insofern ist das richtig, als das Votum der Ständigen Tarifkommission ja noch vor die Generalversammlung der deutschen Eisenbahnen kommt; aber die erste Entscheidung trifft doch der Unterausschuß, und wenn wir bis dahin nicht die Zustimmung des Centralverbandes haben, so ist es selbstverständlich, daß wir nicht darauf rechnen können, daß sie für diesen Entschluß noch in die Wagschale fällt. Deswegen, meine Herren, müssen wir bitten, wenn Sie sich überhaupt mit der Frage beschäftigen wollen, daß Sie sich heute entschließen.

Bergwerksdirektor **Graeßner**-Staßfurt: Meine Herren, es muß uns bei solchen Anträgen Gelegenheit gegeben werden, zunächst mit unseren Freunden zu konferieren. Ich vertrete hier auch andere Interessen; auch örtliche Interessen. Wir können ja hinterher gefragt werden: wie kommt Ihr zu einem Beschluß, Ihr mußtet doch ein Wort an uns richten? Ich habe selber nach der Durchsicht der Druckschrift gesehen, daß ich zunächst mit einigen anderen Herren Fühlung nehmen muß. Sie müssen daher gestatten, daß ich mich der Abstimmung enthalte, um nicht einen Fehler zu begehen. Wenn die Herren Antragsteller an der beschleunigten Absendung der Eingabe ein so großes Interesse hatten, war es ja eine Kleinigkeit, den Mitgliedern des Ausschusses diese Denkschrift zu übersenden, dann hätten wir die Gelegenheit vorher gehabt, aber so ist uns jedes Mittel genommen, uns über eine Materie, von der der Herr Referent selbst sagt, daß sie uns fremd ist, zu informieren. Man weiß ja, wie lange Eisenbahntarifangelegenheiten laufen. Es liegt daher kein Grund vor, die Entscheidung heute zu treffen. Ich wiederhole noch einmal, es kann nur den Herren Antragstellern recht sein, wenn wir auch mit gutem Gewissen und voller Ueberzeugung dem Antrage — wie ja anscheinend geschehen wird — zustimmen können.

Vorsitzender: Die Diskussion, meine Herren, ist, wenn sich keiner mehr zum Worte meldet, geschlossen.

Meine Herren, es liegen meiner Meinung nach zwei Anträge vor: der Antrag des Herrn Graeßner, dahingehend, die Abstimmung heute auszusetzen, und der Antrag des Herrn Generalsekretärs Ditges, dahingehend, der Ausschuß möge beschließen, dem Votum Ihres Direktoriums beizutreten. — Nicht wahr?

(Ditges: Jawohl!)

Meine Herren, ich glaube, die Abstimmung dürfte dadurch vereinfacht werden, daß ich nur über den Antrag Graeßner abstimmen lasse. Sollte derselbe angenommen werden, so fällt der zweite Antrag aus. Sollte derselbe abgelehnt werden, so kann ich vielleicht ohne weiteres konstatieren, daß der Antrag des Herrn Generalsekretärs Ditges angenommen ist.

Meine Herren, bei der Abstimmung sind nur diejenigen Herren stimmberechtigt, welche wirklich Mitglieder des Ausschusses oder deren Stellvertreter sind, und diejenigen Herren, welche kooptiert sind. Da noch verschiedene andere Herren hier sind, muß ich also die Gegenprobe machen lassen. Ich bitte diejenigen Herren, welche entsprechend dem Antrage des Herrn Graeßner die Sache von der Tagesordnung absetzen wollen, die Hand zu erheben! (Geschieht.)

Meine Herren, ich bitte um die Gegenprobe. (Sie findet statt.) Das ist die Minderheit; die Sache ist für heute von der Tagesordnung abgesetzt. Aber dadurch wird das Votum des Direktoriums nicht alteriert, sondern das Direktorium hat beschlossen, die Sache zu unterstützen.

Meine Herren, ich darf nun fragen, ob zu einem sonstigen Teil des Referats des Herrn Generalsekretärs Bueck das Wort gewünscht wird?

Handelskammersyndikus Dr. **Dietrich**-Plauen: Ich möchte nur zu dem Veredlungsverkehr die ganz kurze Bemerkung machen, daß die Handelskammer Plauen, wie auch Herr Bueck ausgeführt hat, eine andere Stellung einnimmt. Sie ist gegenwärtig im Begriff, auch eine ziemlich umfangreiche Denkschrift auszuarbeiten, in der die grundsätzlichen Fragen erörtert werden — eine Denkschrift, die später auch dem Centralverbande zugehen wird.

Generalsekretär **Stumpf**-Osnabrück: Meine Herren, ich wollte nur der Freude darüber Ausdruck geben, aus dem Bericht des Herrn Geschäftsführers entnommen zu haben, daß das Direktorium die Absicht hat, sich demnächst mit der neuerdings aufgeworfenen Frage der Zusammenlegung der drei großen sozialen Versicherungszweige zu beschäftigen. Wäre dieser Gegenstand heute nicht berührt worden, würde ich mir gestattet haben, eine entsprechende Anregung vorzubringen. Die Sache ist für unsere Industrie von einer so weitgreifenden Wichtigkeit, daß nach meiner Meinung der Centralverband alle Veranlassung hat, möglichst eindringlich sich damit zu beschäftigen und den, wie mir scheinen will, nicht unbedenklichen Verschmelzungsbestrebungen, die sich da seit kurzem wiederum kundgeben, möglichst entschieden entgegenzutreten, ebenso und aus den gleichen Erwägungen wie wir das seinerzeit getan haben, als die letzte Novelle zum Invaliditäts- und Altersversicherungsgesetz zur Beratung kam.

Handelskammersyndikus Dr. **Dietrich**-Plauen: Zu dem Geschäftsbericht möchte ich mir noch eine Auskunft erbitten über eine Angelegenheit, die die Handelskammer Plauen allerdings erst kürzlich angeregt hat. Mit dem 1. Januar 1904 läuft nämlich die Verordnung des Bundesrats ab wegen des Wegfalls der Nachmittagspausen in Spinnereien für die jugendlichen Arbeiter an Sonnabenden. Diese Sache ist für die Spinnereien von außerordentlicher Wichtigkeit. Wir von der Handelskammer Plauen haben uns erlaubt, hierzu einen Antrag an den Centralverband zu stellen. Ich möchte mir die Frage gestatten, ob über diesen Antrag bereits verhandelt worden ist?

Generalsekretär **Bueck**: Meine Herren, dieser Beschluß des Bundesrats, die Bestimmung bezüglich der Pausen für die jugendlichen Arbeiter in Spinnereien nicht zu erneuern — sie hat 10 Jahre bestanden —, ist von uns in der „Deutschen Industrie-Zeitung" sofort veröffentlicht worden — ich glaube am 20. November nicht wahr? —

(Regierungsrat Dr. Leidig: Ja!)

und es ist von keinem unserer Verbände oder von keinem Spinnereiverband eine Bemerkung dazu an uns herangetreten, bis jetzt die Handelskammer Plauen die Sache anregt. Wir haben uns jetzt mit

Vertretern der Spinnerei in Verbindung gesetzt und gefragt, wie sie sich zu der Sache stellen und warten auf die Antwort. Es ist aber sehr unwahrscheinlich, daß jetzt überhaupt noch eine Aenderung herbeizuführen ist; denn es ist verhältnismäßig leichter, den Bundesrat zu bewegen, die Aufhebung nicht auszusprechen, als, wenn sie schon ausgesprochen ist, wie dies der Fall ist, einen solchen Beschluß wieder rückgängig zu machen. Ich glaube daher, daß Remonstrationen jetzt sehr wenig Erfolg haben würden. Aber wenn die andern Spinnereivereinigungen sich mit dem Antrage der Handelskammer identifizieren werden, so werden wir im Centralverbande nicht unterlassen, bei dem Bundesrate vorstellig zu werden.

Vorsitzender: Meine Herren, wünscht sonst noch jemand zu dem Bericht des Herrn Generalsekretärs Bueck das Wort? — Das ist nicht der Fall. So gebe ich das Schlußwort Herrn Generalsekretär Bueck.

Generalsekretär **Bueck:** Meine Herren, gestatten Sie mir noch eine kleine Ergänzung zu meinem Berichte. Als ich die Ueberzeugung aussprach, daß die deutsche Industrie befähigt sein würde, die Schwierigkeiten zu überwinden, die die Gestaltung der handelspolitischen Zustände für die Zukunft bringen würde, wollte ich die einschränkende Bemerkung machen, daß diese Entwickelung nur fortschreiten werde, wenn sie nicht durch andere Einflüsse gestört würde, und wollte bemerken, daß diese Störung wohl zu befürchten ist auf dem Gebiete der Sozialpolitik. Ich wollte hinweisen, meine Herren, auf das Schauspiel, das in der jetzigen so kurzen Tagung unseres Reichstages sich in der Weise dargeboten hat, daß, wie jetzt schon alljährlich, in der ersten Zeit die Parteien ein wirkliches Wettlaufen veranstalten, um sich in arbeiterfreundlichen Anträgen zu überstürzen.

(Dr. Beumer: 99 Initiativanträge!)

99 solcher Anträge liegen vor, wie mir das Mitglied des Reichstags soeben mitteilt.

Meine Herren, eine ganze Reihe dieser Anträge sind alte Bekannte, deren agitatorischer Charakter im Reichstag selbst erkannt worden ist. Man hatte sie im Reichstag selbst an das Ende der Session verlegt und erst die anderen wichtigeren Gegenstände vorgenommen. Anscheinend will dieser Reichstag, der — das Wort ist dort geprägt worden — hauptsächlich einen sozialistischen Charakter haben wird, anders verfahren. Denn wie mir mein Freund Beumer mitteilte, werden zwei sehr bedeutungsvolle Anträge auf diesem Gebiete, die ich auch als alte Bekannte bezeichnen kann, in der ersten Sitzung nach den Weihnachtsferien verhandelt werden, und zwar die

Anträge bezüglich der rechtlichen Stellung der Berufsvereine und auf Bildung von Arbeiterkammern. Es ist das ein charakteristisches Zeichen, meine Herren, wie dieses Mal vorgegangen zu werden scheint! Aber uns am allernächsten liegen zwei Anträge, von denen sich einer auf die weitere Einschränkung der Beschäftigung jugendlicher Arbeiter erstreckt, er lautet:

Der § 135 Absatz 3 — der Gewerbeordnung — erhält folgende Fassung:

„Junge Leute zwischen 14 und 18 Jahren (bisher 16 Jahren) dürfen in Fabriken nicht länger als 10 Stunden beschäftigt werden."

Meine Herren, es ist das eine außerordentlich eingreifende Maßregel für unsere ganze Arbeiterbevölkerung und für unsere Industrie. Die einschränkenden Bestimmungen für die Beschäftigung der jugendlichen Arbeiter, in welche Kategorie bisher nur die Arbeiter von 14—16 Jahren fielen, haben sehr viele Fabriken veranlaßt, jugendliche Arbeiter überhaupt nicht mehr oder nur in beschränktem Umfange zu beschäftigen, wodurch diese jungen Leute in ganz andere Laufbahnen gedrängt worden sind, und wodurch der Industrie der Nachwuchs in gewissen Beziehungen entzogen worden ist. Nun denken Sie sich, wenn diese Maßregel angewandt wird auf Arbeiter bis zu ihrem 18. Lebensjahre, was da für verhängnisvolle Folgen eintreten werden. Ich will nur ein Beispiel anführen. Es würden also die jungen Leute bis 18 Jahre nicht unter Tag in den Bergwerken beschäftigt werden können. Wann sollen sie denn anfangen zu lernen? Sie würden viel zu spät in ihren Beruf eingeführt werden, worunter ihre Erwerbsfähigkeit für ihr ganzes Leben leiden müßte.

Meine Herren, das sind die Anträge, die merkwürdigerweise von einem Großindustriellen selbst ausgehen, für die mir aber das Verständnis fehlt, da sie geeignet sind, die Lage der Arbeiter statt zu verbessern zu verschlechtern.

Der zweite Teil des Antrages lautet:

„Die Beschäftigung von Arbeiterinnen über 18 Jahre darf die Dauer von 10 (seither 11) Stunden, an den Vorabenden von Sonn- und Festtagen die Dauer von 9 (bisher 10) Stunden nicht überschreiten."

Und dann ist noch eine Bestimmung getroffen, nach welcher Arbeitern bis zum 18. Jahre nicht Hausarbeit mitgegeben werden darf. Aber, meine Herren, es handelt sich darum, den Normalarbeitstag für weibliche Arbeiter über 18 Jahre — bisher über 16 Jahre — von 11 auf 10 Stunden an gewöhnlichen Werktagen, und an den den

Sonn- und Festtagen vorangehenden Werktagen auf 9 Stunden zu beschränken.

Meine Herren, gegen diese Bestimmung hat der Centralverband in einer an den Herrn Reichskanzler gerichteten Eingabe Einspruch erhoben.

Es liegt nicht in meiner Absicht, heute weiter auf diese und die sonstigen sozialpolitischen Anträge einzugehen. Ich habe sie nur deswegen hier nachträglich erwähnt, weil ich gestern einzelnen Herren, die es wünschten, versprochen habe, die soziale Frage hier zu berühren. Im übrigen wird der Centralverband wohl Veranlassung haben, sich mit den Angelegenheiten im Laufe dieses Winters, während der Session des Reichstags, noch eingehend zu beschäftigen.

Meine Herren, in Anknüpfung hieran möchte ich mir erlauben, im Auftrage des Herrn Vorsitzenden eine Mitteilung zu machen. Ihnen allen ist der schwere Arbeiterausstand bekannt, von dem die sächsische Industriestadt Crimmitschau heimgesucht wird, und zwar seit 17 Wochen. Es handelt sich da der äußeren Erscheinung nach um die Erkämpfung eines zehnstündigen Arbeitstages und einer Lohnerhöhung von 6 bezw. 10 pCt. Die Sozialdemokraten haben in ihren Versammlungen und in ihren Resolutionen schon auf den achtstündigen Arbeitstag hingewiesen. Aber, meine Herren, sie haben noch andere Fragen im Hintergrunde. In einzelnen der dortigen Fabriken hatten die Arbeiter schon früher die Forderung gestellt, bei der Einstellung und Entlassung von Arbeitern bestimmend mitsprechen zu dürfen. Sie hatten in einzelnen Fällen gegenüber schwächeren Unternehmern dieses Recht durch Arbeitseinstellung auch erkämpft. Es ist sicher anzunehmen, daß sie mit dieser Forderung allgemein hervortreten werden, wenn es ihnen gelingen sollte, den Zehnstundentag und die Lohnerhöhung durchzusetzen. Die Arbeiter versuchten erst die Unternehmer in kleineren Gruppen abzuschlachten, zu welchem Zwecke sie in fünf Fabriken die Arbeit niederlegten. Als die Arbeitgeber, dieses durchsichtige Manöver erkennend, sich zusammen taten und sämtlichen Arbeitern kündigten, legten diese die Arbeit nieder. Daher ist von einer Aussperrung nicht die Rede, sondern es handelt sich um einen regelrechten, von den Arbeitern ins Werk gesetzten Ausstand. Die entgegengesetzten Behauptungen der sozialdemokratischen Redner und Blätter sind Entstellungen und Lügen. Ich will, mit Rücksicht auf die vorgeschrittene Zeit, auf die Sache hier nicht weiter eingehen, sondern nur nachdrücklich darauf verweisen, daß dieser Ausstand sich ausgestaltet hat zu einem Kampf um die Macht, d. h. um die Frage, soll der Arbeitgeber Herr in seiner Fabrik, in seiner Werkstatt sein oder nicht.

Diese Frage wird jetzt in Crimmitschau ausgefochten und die ganze sozialdemokratische organisierte Arbeiterschaft in Deutschland hat sich mit den ausständigen Arbeitern in Crimmitschau solidarisch erklärt und steht ihr mit außerordentlich hohen Geldopfern zur Seite. Somit betrifft dieser Kampf auch die gesamte deutsche Arbeitgeberschaft, denn sollten die Arbeitgeber dort unterliegen, so wird das gesteigerte Selbstgefühl, der Uebermut der sozialdemokratischen Führer und Agitatoren sicher dieselben Machtfragen auch in anderen Industrien aufwerfen und durch Ausstände in ihrem Sinne zur Entscheidung bringen wollen.

(Sehr wahr!)

Deswegen, meine Herren, hat Ihr Direktorium gestern beschlossen, sich an seine korporativen und auch an die einzelnen Mitglieder zu wenden und sie zu ersuchen, der Crimmitschauer Industrie, die einen schweren Kampf unter Bringung sehr schwerer Opfer führt, Beistand zu leihen und sie durch Geldbeiträge zu unterstützen. Diese Geldbeiträge sollen aus Gründen, die nahe liegen, die ich hier daher nicht weiter anführen will, durch den Centralverband gehen und von dem Direktorium zu dem angegebenen Zwecke verwendet werden.

(Beifall.)

Natürlich wird sich das Direktorium in seinem Rundschreiben zunächst an die Textilindustrie wenden; aber dann an alle andern industriellen Vereinigungen und Industrien und zwar aus den Gründen, die ich angeführt habe.

Ich hoffe, daß die der gesamten Industrie drohende Gefahr Sie veranlassen wird, sich mit diesem Vorgehen des Direktoriums einverstanden zu erklären.

(Beifall.)

Vorsitzender: Das Direktorium, meine Herren, ist der Meinung, daß diesem Solidaritätsgefühl der Arbeiter das Solidaritätsgefühl der Arbeitgeber gegenübergestellt werden müsse

(Beifall)

und es ist überzeugt, daß es nur dieses Mahnwortes bedarf, um recht reichliche Unterstützungen für die Arbeitgeber, welche dort in schwerer Bedrängnis sind, herbeizuführen.

Ich darf noch zu dem Schlußworte des Herrn Generalsekretär Bueck das Wort erteilen.

Handelskammersyndikus Dr. **Diedrich**-Plauen: Meine Herren, ich darf wohl der besonderen Freude Ausdruck geben über den soeben gehörten Beschluß des Centralverbandes, da Crimmitschau zu dem Bezirke der Handelskammer Plauen gehört, und ich glaube versichern zu können, daß Sie den Industriellen in Crimmitschau, die in diesem schweren Kampfe stehen, schon allein durch den Beschluß eine besondere Freude bereitet haben.

(Beifall.)

Vorsitzender: Meine Herren, das Wort wird nicht weiter gewünscht zu Punkt 1 der Tagesordnung.

Wir treten dann in Punkt 5 der Tagesordnung ein:

5. Beratung des im Reichsjustizamt aufgestellten Entwurfs eines Gesetzes über den Versicherungsvertrag.

Berichterstatter Regierungsrat Dr. **Leidig**-Berlin:*) Meine Herren, aus den Erwägungen der Sozialpolitik möchte ich Sie bitten, sich jetzt in die an sich ja ein wenig langweiligen Erörterungen des Privatrechts hinführen zu lassen, allerdings über ein Thema, das auf dem Gebiete der Einzelwirtschaft für fast jeden der Industriellen von Wichtigkeit ist, und wie die lebhaften Debatten der letzten Jahre und die Differenzen hinsichtlich des Vorgehens der Feuerversicherungsgesellschaften gezeigt haben, auch tatsächlich weiteste Kreise der Industrie lebhaft interessiert.

Meine verehrten Herren, die Feuerversicherung als Großbetrieb ist eine Erscheinung erst des 19. Jahrhunderts. Erst im Jahre 1821 ist in Gotha die erste größere Feuerversicherungsbank entstanden. Aber wie ungemein hat sich in dieser doch verhältnismäßig so kurzen

---

*) Auf den Seiten 11—18 des Heftes 96 findet sich eine Uebersicht der Verhandlungen, die am 2. Oktober 1903 zwischen den Mitgliedern der Kommission für Versicherungswesen des Centralverbandes Deutscher Industrieller und den Vertretern der Vereinigung der in Deutschland arbeitenden Privatfeuerversicherungsgesellschaften geführt worden sind. Zu dieser Uebersicht wird aus den Kreisen der Herren Vertreter der Privatfeuerversicherungsgesellschaften bemerkt, daß der Auffassung auf Seite 17 der Uebersicht zum § 83, daß gegen den Beschluß, den § 83 dahin zu fassen:

„Als Brandschaden gilt auch ein Schaden, der durch Blitzschlag oder durch Explosion jeder Art verursacht wird"

kein Widerspruch erhoben sei, nicht beigetreten werden könne. Von den Vertretern der Feuerversicherungsgesellschaften sei dem gegenüber vielmehr, Seite 152, 153 des stenographischen Berichts, ausdrücklich aufrecht erhalten, was zu dem § 83 in der Denkschrift ihrer Vereinigung gesagt ist.

Auch die Auffassung auf Seite 12 der Uebersicht zu § 10, daß die Vertreter der Feuerversicherungsgesellschaften ihren Widerspruch dagegen fallen lassen, sei nicht ganz zutreffend, sondern auf Seite 52 des stenographischen Berichts sei gesagt, daß nach Ueberzeugung der Feuerversicherungsgesellschaften nur ein Bedürfnis für eine einjährige Frist da sei, daß sie aber auch leben könnten, wenn die zweijährige Frist schließlich festgesetzt werde.

Zeit das Feuerversicherungswesen in Deutschland entwickelt! Vor wenigen Tagen hat das Aufsichtsamt für Privatversicherungswesen eine Statistik herausgegeben, aus der sich ergibt, daß am 31. Dezember 1901 der Bestand der Versicherungssumme bei den privaten Feuerversicherungsgesellschaften die Summe von rund 81½ Milliarden Mark betragen hat, und dazu tritt noch etwas mehr als die Hälfte dieser Summe, die bei den öffentlichen Sozietäten Deutschlands versichert ist.

Meine Herren, im großen ganzen hat das Feuerversicherungswesen auf dem Gebiet sowohl des öffentlichen Rechts wie namentlich auch auf dem Gebiet des Privatrechts sich bisher ziemlich unbeeinflußt von gesetzgeberischen Einwirkungen entwickelt. Das Allgemeine Landrecht hat allerdings bereits am Ende des 18. Jahrhunderts eine umfassende Kodifikation des ganzen Versicherungswesens vorgenommen, aber über die wirtschaftlichen Verhältnisse, auf denen die Bestimmungen des Allgemeinen Landrechts aufgebaut sind, über die wesentlich agrarischen Verhältnisse des damaligen Preußens ist das 19. Jahrhundert weit hinausgewachsen, und so hat es sich denn ergeben, daß sich die Entwickelung des Feuerversicherungswesens in Deutschland im wesentlichen nur auf Grund von Observanzen, auf Grund vertragsmäßiger Bestimmungen vollzogen hat, wie sie von den einzelnen Feuerversicherungsgesellschaften, in dem letzten Jahrzehnt ja auch durch den Verband der Feuerversicherungsgesellschaften begründet und bestimmt worden sind.

Durch das Gesetz vom 12. Mai 1901 ist dann zunächst die öffentlichrechtliche Seite des Feuerversicherungswesens geordnet worden, es ist das Aufsichtsamt für das Privatversicherungswesen geschaffen, das gewissermaßen hinsichtlich der Vereinigung der Feuerversicherungsgesellschaften und hinsichtlich der gleichartigen Verhältnisse, wie sie in anderen Zweigen der Versicherung bestehen, auch diejenigen Wünsche erfüllt, die nach anderer Richtung hinsichtlich eines Aufsichtsamtes für Kartellwesen ausgesprochen worden sind.

In der letzten Zeit endlich ist der Versuch gemacht worden, durch den Entwurf über den Versicherungsvertrag, den das Reichs-Justizamt im März veröffentlicht hat, auch die privatrechtliche Seite des Versicherungswesens in umfassender Weise und im Anschluß an die Vorschriften des Bürgerlichen Gesetzbuchs und des Handelsgesetzbuches neu zu ordnen.

Meine Herren, es kann nicht meine Aufgabe sein, und es würde heißen, Ihre Zeit zu sehr in Anspruch zu nehmen, wenn ich versuchte, im einzelnen die Bestimmungen dieses Gesetzentwurfs Ihnen hier vorzuführen; aber ich bitte mir zu gestatten, daß ich wenigstens versuche, die einzelnen grundlegenden Bestimmungen in dem Aufbau des Entwurfs darzulegen, und daß ich im einzelnen dann nachher auf die Stellung, die bisher die Organe des Centralverbandes zu dem Entwurfe eingenommen haben, kurz eingehe.

Was den Aufbau und den Charakter des Entwurfs anbetrifft, so, meine Herren, ist ja von vornherein hinsichtlich seiner formellen Gestaltung darauf hinzuweisen, daß der Entwurf versucht, in dem allgemeinen Teile alle diejenigen Bestimmungen und Vorschriften zusammenzufassen, die gleichmäßig für sämtliche Zweige des Versicherungswesens maßgebend sein sollen, daß er dann in dem zweiten Teile wieder versucht, diejenigen allgemeinen Bestimmungen zusammen darzustellen, die für alle Zweige der Schadensversicherung maßgebend sein sollen, und dann endlich gewissermaßen in ergänzenden Vorschriften die Bestimmungen für die einzelnen Zweige der Versicherung gibt. Damit nicht genug, meine Herren, betrachtet der ganze Entwurf sich ja selbst nur als eine Ergänzung des Bürgerlichen Gesetzbuches und des Handelsgesetzbuchs. Es müssen also immer wieder zu den einzelnen Bestimmungen Ergänzungen herangezogen werden aus diesen beiden Gesetzbüchern. Es läßt sich nicht verkennen, daß dadurch für den Nichtjuristen eine gewisse Unübersichtlichkeit entsteht, eine Unübersichtlichkeit, die, ich möchte sagen, zu einer Nichtverständlichkeit nach vielen Richtungen führt durch die abstrakte, scharf juristisch zugespitzte Sprache des Entwurfs.

In den Verhandlungen, die bisher und noch in den letzten Tagen über den Entwurf geführt worden sind, ist ja auch dieser Vorwurf von verschiedenen der Herren gegen den Entwurf erhoben worden, und es ist hier, wie auch in anderen Gremien der wirtschaftlichen Interessenvertretungen der Wunsch ausgesprochen worden, daß an Stelle dieses einheitlichen Entwurfs eine Reihe von Einzel- und Sondergesetzen für die einzelnen Zweige der Versicherung aufgestellt würden.

Meine Herren, ich möchte den Eindruck, den ich aus den bisherigen Verhandlungen hier im Centralverbande gewonnen habe, doch dahin zusammenfassen, daß sich, ich möchte nicht sagen eine bestimmte Gegnerschaft hiergegen, aber doch auch nicht ein bestimmter Wunsch, gewissermassen von der Grundlage dieses Entwurfes abzugehen, in dem Centralverbande und in den Organen des Centralverbandes ausgedrückt hat, und Sie finden in der Resolution, die den Herren vorliegt, das auch dahin ausgedrückt, daß Ihnen vorgeschlagen wird, den Entwurf, wie er beschaffen ist, also mit diesem Schachtelsystem, wenn ich mich so ausdrücken darf, als eine brauchbare Grundlage für die weiteren Verhandlungen zu bezeichnen. —

Nun, meine Herren, mag es gestattet sein, kurz darauf hinzuweisen, daß dieser Entwurf wie jedes Gesetz in seiner Wirkung und in seinen Aufgaben begrenzt ist. Ein Gesetz kann ja nur allgemeine Rechtsnormen aufstellen, und namentlich ein derartiges Gesetz, wie der Entwurf für das Versicherungswesen, muß sich bemühen, den Rahmen soweit zu ziehen, daß durch ihn die weitere Entwickelung des Versicherungswesens, die doch nach vielen Richtungen noch völlig im Fluß ist, nicht behindert wird, da der Entwurf geschaffen ist für alle Versicherungsarten und für alle Versicherungen, da in dem Entwurf ebensowohl festgestellt werden sollen die Bestimmungen für die Feuerversicherung wie für die Lebensversicherung, für die Glasversicherung wie für die Trichinenversicherung und für alle diejenigen Versicherungen, die noch die Zukunft bringen wird oder die die letzte Vergangenheit uns soeben gebracht hat. Ich möchte daran erinnern, daß erst in den letzten Jahren sich eine Reihe von Zweigen der Versicherung weiter entwickelt haben. Es sei an die Versicherung gegen den Einbruchsdiebstahl erinnert, es sei auf die erst neuerdings zu größerer Wirksamkeit und größerer Geltung gelangte Glasversicherung hingewiesen, es sei erwähnt, daß erst in der letzten Zeit von einigen Versicherungsgesellschaften die Sturmschäden in den Kreis ihrer Aufgaben hineingezogen werden, daß versucht wird, eine Streikversicherung zu schaffen und ähnliches.

Also, meine Herren, daraus ergibt sich ja schon, daß das ganze Versicherungswesen sich noch in einem ungemein lebhaften Fluß befindet, und daß es falsch wäre, wenn der Entwurf durch eine übergroße Anzahl zwingender Normen hier irgendwie der weiteren Entwickelung einen Zwang auferlegen wollte.

Aber nicht nur das, sondern der Entwurf ist ja auch bestimmt, in derselben Weise für die Verhältnisse des kleinen Landmanns und des Bauern zu gelten, wie für die des Großindustriellen, in derselben Weise für den Hausbesitzer wie für den Arbeiter mit seinem verhältnismäßig geringen Hausrat und Mobiliar. Nach allen diesen Richtungen hin ist es notwendig, von vornherein dem entgegenzutreten, daß durch die Bestimmungen des Entwurfs die Weiterentwickelung der Zukunft vorweggenommen wird, daß das Versicherungswesen in bestimmte Bahnen hineingelenkt wird, die seine weitere Entwickelung behindern könnten. Ich möchte dabei daran erinnern, daß ja — und es ist dies in der Diskussion, die in den letzten Monaten über den Gesetzentwurf geführt worden ist, meines Erachtens viel zu wenig hervorgehoben worden — neben den Bestimmungen des Entwurfs, wie er demnächst Gesetz werden soll, sich noch die dauernde Aufsicht des Aufsichtsamtes für das Privatversicherungswesen vorfindet, daß dadurch dauernd und ständig eine Verbindung zwischen der behördlichen Aufsicht und der Praxis der Versicherungsgesellschaften gegeben ist, die es sich gerade zur Aufgabe zu stellen hat, etwaige Härten, etwaige Schwierigkeiten, die durch die Praxis der Versicherungsgesellschaften gegenüber den Versicherten hervorgerufen werden, und zu bekämpfen und zu beseitigen.

Was nun, meine Herren, die Begrenzung des Geltungsgebietes des Entwurfs anbetrifft, so hat der Entwurf nur das private Versicherungswesen in den Kreis seiner Aufgaben hineingezogen. Diejenigen Sozietäten, diejenigen Versicherungsanstalten, die auf Grund öffentlichen Rechts in einzelnen deutschen Staaten errichtet worden sind, sollen nach § 181 des Entwurfs nicht unter seine Vorschriften gestellt werden.

Die Organe des Centralverbandes haben bereits bei den ersten Verhandlungen, die über diesen Entwurf geführt worden sind, sich dahin schlüssig gemacht, daß diese Bestimmung von der Industrie nicht als richtig anerkannt werden kann, und, meine Herren, sie befinden sich da durchaus in Uebereinstimmung mit der Auffassung der Reichsregierung selbst, die erst in letzter Zeit einer Aenderung unterzogen worden ist. Herr Reichstagsabgeordneter Dr. Beumer hat bereits mehrfach darauf hingewiesen, daß der Stellvertreter des Reichskanzlers, Graf Posadowsky, bei Gelegenheit der Beratungen über das Gesetz hinsichtlich der privaten Versicherungsunternehmungen vom 12. Mai 1901 in absolut klarer Weise erklärt hat, daß die Regierung es für selbstverständlich erachte, daß auch die öffentlichen Sozietäten unter die Vorschriften dieses Gesetzes gestellt werden sollen, und, meine Herren, wenn Sie sich dessen erinnern, daß die Vertreter der Sozietäten öffentlich erklärt haben, sie beabsichtigen nicht nur alle die Vorschriften des Gesetzentwurfes, die zu Gunsten der Versicherten gegeben sind, auch zu Gunsten ihrer Versicherten anzuwenden, sondern zu Gunsten der Versicherten noch über die Vorschriften des Gesetzentwurfes hinauszugehen, so läßt sich in der Tat nicht absehen, aus welchem sachlichen Grunde denn, auch vom Standpunkte der Sozietäten selbst, ihre Unterstellung unter die Vorschriften dieses Gesetzes verhindert oder vermieden werden soll.

Allerdings, meine Herren, nach einer Richtung hin — und das ist auch in der Resolution, die Ihnen vorgelegt worden ist, zum Ausdruck gekommen — ist anerkannt worden, daß wohl sachliche Gründe vorliegen, von diesem Grundsatz, den ich mir soeben erlaubte, Ihnen darzulegen, eine Ausnahme zu machen. Einmal, meine Herren, gilt dies für das Immobiliarversicherungswesen in Bayern. Bayern hat auf Grund der Reichsverfassung ein Reservatrecht hinsichtlich dieses Immobiliarversicherungswesens, und es ist wohl völlig ausgeschlossen, daß Bayern von diesem Reservatrecht zu Gunsten seiner öffentlichen Landesbrandanstalten abgehen wird. Aber auch über die bayerischen Verhältnisse hinaus bestehen in einer Anzahl von Staaten, in einigen süddeutschen Staaten, in Sachsen

(Generalsekretär Bueck: in Baden!)

in Baden, auch in Hessen, öffentliche Versicherungsanstalten, die mit öffentlichem Zwangscharakter ausgestattet sind. Wo und insofern dieser öffentliche Zwangscharakter besteht, erscheint es in der Tat nicht notwendig, die Vorschriften des Gesetzentwurfes auf diese Anstalten zu beziehen, nicht notwendig und auch nicht möglich, weil diese mit Zwangscharakter und behördlichen Aufgaben versehenen Anstalten so tief verbunden sind, so tief hineingestellt sind in das ganze Verwaltungsrecht des Einzelstaates, daß es heißen würde, einen tiefen Eingriff seitens des Reiches in das einzelstaatliche Verwaltungsrecht vorzunehmen — einen Eingriff, den es doch nur in ganz besonders wichtigen Fällen vornehmen sollte —, wenn diese öffentlichen Anstalten unter die Vorschriften dieses Gesetzes gestellt werden müssen.

Deshalb, meine Herren, ist in der Resolution, die Ihnen vorgelegt worden ist, vorgeschlagen, die Herren möchten sich damit einverstanden erklären, daß nur diejenigen Anstalten, die im freien Wettbewerb mit privaten Versicherungsanstalten sich befinden — es bezieht sich das namentlich auf die in Preußen domizilierenden öffentlichen Sozietäten — unter die Bestimmungen des Gesetzentwurfes gestellt werden mögen, und, meine Herren, Sie müssen es schon deshalb, weil — und das ist in den bisherigen Verhandlungen grade von den Vertretern der Feuerversicherungsgesellschaften, mit denen ja, wie den Herren bekannt ist, am 2. Oktober eine gemeinsame Verhandlung stattgefunden hat, in überzeugender Weise dargelegt worden — ich sage, diese öffentlichen Anstalten müssen schon deshalb unter dieses Gesetz gestellt werden, weil in denjenigen Fällen, von denen vorhin gesprochen worden ist, es ja ungemein häufig vorkommt, wie uns erklärt worden ist, und jedenfalls die Möglichkeit täglich vorhanden ist, daß auf dasselbe Objekt sowohl eine öffentliche Versicherungsanstalt, eine Sozietät in Preußen, wie eine Privatversicherungsanstalt „gezeichnet" hat — wie es die Technik des Versicherungswesens nennt — also daß die beiden Versicherungsgesellschaften Deckung für dasselbe Objekt gegeben haben. Es ist von den Vertretern der Feuerversicherungsgesellschaften meines Erachtens durchaus mit Recht darauf hingewiesen worden, daß hier die allergrößten Schwierigkeiten und Unstimmigkeiten für den Versicherten entstehen würden, wenn im Falle eines Brandschadens derjenige Teil der Schadensumme, der von den öffentlichen Sozietäten zu erstatten ist, nach Landesrecht und nach den Statuten der Sozietäten, der andere Teil der Schadenersatzsumme dagegen nach Reichsrecht von einer Privatversicherungsgesellschaft zu erstatten sei.

Das Direktorium hat sich erlaubt, gerade auch hierauf in der Resolution hinzuweisen und diese praktische Schwierigkeit am Eingange besonders hervorzuheben.

Nun habe ich mir erlaubt, schon gestern im kleinen Kreise darauf hinzuweisen, daß hier allerdings ein Versehen und ein Uebersehen, wie man geneigt sein könnte, anzunehmen, seitens der Verfasser dieses Entwurfes nicht vorliegt. Es würden in diesem Falle, insoweit nicht Statut oder Landesrecht für die öffentliche Sozietät eintritt, die Vorschriften des Bürgerlichen Gesetzbuches über Gemeinschaft zur Anwendung kommen. Aber, meine Herren, wie wenig angemessen und passend sind die Vorschriften über Gemeinschaft für die Fälle, wie sie hier vorliegen, wenn das materielle Recht wie in diesem Falle so gänzlich verschieden gestaltet ist!

Was nun die Grundsätze des Entwurfs selbst anbetrifft, so ersehen die Herren ja schon aus der Resolution, die Ihnen vorgelegt ist, daß im großen und ganzen und vorbehaltlich einer Durcharbeitung des Entwurfs im einzelnen, die ja in den weiteren Stadien natürlich nach den verschiedensten Richtungen hin noch geschehen wird, daß sich die Organe des Centralverbandes, die sich bisher mit diesem Entwurf beschäftigt haben, mit ihm in seinen Grundzügen einverstanden erklärt haben, und diese Grundzüge des Entwurfs gehen nun doch dahin, daß, ich möchte sagen, als das Leitmotiv in dem ganzen Gesetzentwurf die gegenseitige Berücksichtigung von Treu und Glauben aufgestellt ist, und daß dann weiter eine zum Teil vielleicht recht weitgehende Berücksichtigung des Versicherten gegenüber dem heute geltenden Recht in dem Entwurf geübt worden ist. Der Entwurf gibt nicht nur eine Reihe von Vorschriften subsidiären Rechtes, so daß diese Bestimmungen durch das Vertragsrecht in einzelnen Fällen abgeändert werden könnten, sondern, meine Herren, es findet sich da eine ganze Reihe von Vorschriften, die zu Gunsten des Versicherten derart gegeben sind, daß sie zu seinen Ungunsten durch irgendwelche Vertragsnormen der Feuerversicherungsgesellschaften und in derselben Weise auch der übrigen Gesellschaften des Versicherungswesens nicht abgeändert werden können.

Eine Differenz innerhalb der Erörterungen, die in den bisherigen Verhandlungen hier geführt worden sind und nicht bloß hier im Centralverbande, sondern auch in anderen wirtschaftlichen Vereinigungen, geht ja nun dahin, inwieweit derartige zwingende Vorschriften gegeben werden sollen. Es ist natürlich und liegt auf der Hand, daß die Vertreter der Versicherungsgesellschaften eine möglichste Beschränkung dieser zwingenden Vorschriften wünschen. Ich möchte indessen darauf verweisen, daß in den Denkschriften der Feuerversicherungsgesellschaften im großen und ganzen gegen diese Vorschriften des Entwurfes erhebliche Bedenken nach dieser Richtung hin, soweit mir wenigstens im Augenblick erinnerlich ist, nicht erhoben worden sind. Andererseits, meine Herren, geht eine nicht unbedeutende Strömung in den Kreisen der Versicherten ja dahin, in möglichst weitem Umfange hier zwingende Rechtsnormen an die Stelle des dispositiven Rechts zu setzen.

Ich habe mir bereits in meinen einleitenden Worten zu bemerken gestattet und darauf hinzuweisen erlaubt, daß es ganz ungemein bedenklich sein würde für die weitere Entwickelung des Versicherungswesens, einer wirtschaftlichen Funktion, die doch, wie gesagt, erst ein recht junges Leben hinter sich hat, wenn man in einem erheblich weitergehenden Maße, als es der Gesetzentwurf bisher vorgesehen hat, zwingendes Recht an die Stelle des durch Vertragsnormen abzuändernden Rechts setzen wollte!

(Dr. Beumer: Sehr richtig!)

Ich möchte glauben, meine Herren, daß im großen und ganzen — und das ist auch, wenn ich den Debatten, die bisher geführt worden sind, richtig gefolgt bin, der allgemeine Eindruck der Kreise, der Kommissionen, die sich bisher mit dem Entwurfe beschäftigt haben — ich möchte glauben, daß im großen und ganzen der Gesetzentwurf hinsichtlich des zwingenden Rechts und des dispositiven Rechts die der Industrie genügenden Grenzen gefunden hat, und daß ein weiteres Hinausgehen im großen und ganzen von der Industrie nicht mehr als notwendig erachtet wird.

Etwas anderes und etwas Neues, ja, meine Herren, ich möchte sagen, etwas in gewissem Sinne gegenüber der ganzen Entwickelung des Rechts in neuerer Zeit auf den übrigen Rechtsgebieten abweichendes hat dann weiter der Entwurf eingeführt hinsichtlich der persönlichen Stellung des Versicherten zu den Versicherungsgesellschaften und zu seinem Anspruch aus seinem Versicherungsvertrage. Im großen und ganzen geht unsere neuere Rechtsentwickelung dahin, daß sie in viel weiterem Umfange, als es früher der Fall gewesen ist, den einzelnen, der auf die Gestaltung irgend eines Verhältnisses

Einfluß hat, für alle Veränderungen dieses Verhältnisses, insoweit sie in eine andere Rechtssphäre hinübergreifen, verantwortlich macht, ohne auf sein subjektives Verschulden zu sehen. Meine Herren, gerade in dem Bürgerlichen Gesetzbuch ist dieser Grundsatz gegenüber dem bisherigen Recht sehr weitgehend durchgeführt. Ich darf daran erinnern, daß z. B. nach dem Bürgerlichen Gesetzbuch derjenige, der irgend ein Haustier hält, in viel weiter gehendem Umfange und ohne Rücksicht auf sein persönliches Verschulden für Beschädigungen, die durch das Tier verursacht werden, verantwortlich gemacht wird, als es früher der Fall gewesen ist. Dieser Grundsatz der objektiven Verantwortlichkeit für Schadenszufügungen ist nun in den Gesetzentwurf nicht bloß nicht aufgenommen, sondern es ist im Gegenteil, entgegengesetzt der bisherigen Entwickelung des Rechts auf dem Gebiete des Feuerversicherungswesens, hier durchgeführt worden, daß nicht für objektive Veränderungen hinsichtlich der ihm unterstehenden Verhältnisse, sondern lediglich für Veränderungen, die durch sein Verschulden herbeigeführt werden, der einzelne Versicherte gegenüber der Versicherungsgesellschaft, mit der er in Vertragsbeziehungen steht, haftbar gemacht werden kann. Ja, meine Herren, der Entwurf ist noch weiter gegangen. Er hat in einer Reihe von Fällen sich nicht damit begnügt, als Voraussetzung für irgend eine Haftbarmachung des Versicherers ein Verschulden des Versicherten zu fordern, sondern in einer ganzen Reihe von Fällen ist verlangt worden, daß eine Arglist des Versicherten, also ein bewußt rechtswidriges Verhalten des Versicherten, ein bewußtes Verhalten, durch das er der Versicherungsgesellschaft Schaden zufügen will — ich sage, daß diese Arglist, daß ein arglistiges Verhalten vorliegen muß, ehe der Versicherte Rechtsnachteile erleiden kann.

Wie die Herren aus der Resolution unter Nr. 1, die ihnen vorliegt, gütigst ersehen wollen, haben sich die Organe des Centralverbandes auch nach der Richtung hin auf den Boden des Entwurfs gestellt. Sie haben die Auffassung vertreten, daß die Durchführung dieser beiden Voraussetzungen, daß im großen und ganzen Rechtsnachteile nur bei Verschulden des Versicherten eintreten, und daß ein Verlust des Anspruchs aus einem Versicherungsvertrag im wesentlichen nach den Vorschriften des Entwurfs nur bei arglistigem Verhalten eintreten solle, daß diese Vorschriften des Entwurfs als für die Versicherten günstig zu erachten sind und auch aus allgemeinen Gesichtspunkten von der Industrie gebilligt werden müssen.

Eine allgemeine Frage, die wohl noch zunächst zu erörtern sein dürfte, ist dann die Stellung der Agenten, wie sie der Entwurf feststellt.

Meine Herren, hinsichtlich der Rechtsstellung der Agenten haben sich gerade in den letzten Jahren die Anschauungen der Versicherten und der Versicherungsgesellschaften vielfach schroff gegenübergestanden. In weiten Kreisen der Versicherten besteht die Neigung, die Agenten nach allen Richtungen hin als bevollmächtigte Vertreter der Versicherungsgesellschaften zu betrachten, derart, daß Erklärungen der Agenten oder Erklärungen, die Agenten gegenüber abgegeben werden, als Erklärungen, die von den Versicherungsgesellschaften oder ihnen gegenüber abgegeben sind, aufgefaßt werden. Andererseits, meine Herren, haben sich die Versicherungsgesellschaften immer bemüht, den Grundsatz durchzuführen, daß sie für die Erklärungen ihrer Agenten nach keiner Richtung hin eine Verantwortung zu übernehmen haben, daß dieses Erklärungen seien, die lediglich den Agenten, nicht aber die hinter ihm stehende Versicherungsgesellschaft binden, insoweit nicht ausdrückliche Vollmachtsverhältnisse vorliegen.

Der Entwurf hat einen Mittelweg gefunden, der allerdings nach manchen Richtungen hin von den Versicherungsgesellschaften angefochten wird. Der Entwurf unterscheidet zwischen Abschlußagenten und Vermittelungsagenten. Abschlußagenten sind diejenigen Agenten, meine Herren, die berechtigt sind, Versicherungsverträge namens der Versicherungsgesellschaft, deren Agenten sie sind, abzuschließen. Im Feuerversicherungswesen werden sie ja allgemein als Generalagenten bezeichnet. Die Vermittelungsagenten sind dagegen diejenigen Agenten, die lediglich zur Herbeischaffung von Versicherungsanträgen von den einzelnen Versicherungsgesellschaften angestellt werden und denen nur noch, damit zusammenhängend, gewisse untergeordnete Funktinoen übertragen werden.

Der Entwurf geht nun davon aus, daß die Erklärungen der Abschlußagenten bindend sind, berechtigend und verpflichtend für die von ihnen vertretenen Versicherungsgesellschaften, daß dagegen die Erklärungen der Vermittelungsagenten nur in vier Punkten von Rechtsverbindlichkeit für die Gesellschaft sein sollen. Der Vermittelungsagent ist berechtigt, Anträge auf Schließung der Versicherungsverträge sowie den Widerruf solcher Anträge entgegenzunehmen. Das, meine Herren, ist ja die allbekannte Stellung, die dem Agenten von alters her angewiesen ist. Er ist weiter befugt, Anzeigen, die, während die Versicherung läuft, abgegeben werden, sowie die Erklärungen über Kündigungen und Rücktritt von dem Versicherungsvertrage und endlich alle sonst das Versicherungsverhältnis betreffenden Erklärungen von den Versicherten entgegenzunehmen. Das, meine Herren, ist etwas Neues. In einzelnen Fällen hat ja allerdings auch das bisherige

Recht und haben auch die bisherigen allgemeinen Bestimmungen den Agenten als diejenige Stelle erklärt, bei der Erklärungen und Anzeigen des Versicherten abzugeben sind. Ich möchte nur daran erinnern, daß die Herren beispielsweise in den allgemeinen Bedingungen, wie sie jetzt bestehen, die Vorschrift finden, daß nach einem Brandfall binnen 24 Stunden dem Agenten der Gesellschaft Anzeige zu erstatten sei, und die Gesellschaften gehen hier so scharf vor, daß sie die Nichtinnehaltung dieser 24stündigen Frist sogar mit Verlust des Versicherungsanspruchs bestrafen. Hier, meine Herren, ist nun allgemein erklärt, daß die Agenten befugt sind, alle Anzeigen, die während der laufenden Versicherung von den einzelnen Versicherten zu machen sind — und der Entwurf sieht in einer ganzen Reihe von Stellen derartige Anzeigen vor — rechtsgültig für die Versicherungsgesellschaft entgegenzunehmen. Allerdings ist die Versicherungsgesellschaft berechtigt, gewisse Formvorschriften zu machen. Sie ist auch berechtigt, den Agenten hinsichtlich seiner Vollmachtsbefugnis und seiner Vertretungsbefugnis zu beschränken. Sie kann also in den allgemeinen Bedingungen und in den einzelnen Versicherungsverträgen ausmachen, daß derartige Anzeigen nicht dem Agenten, sondern der Versicherungsgesellschaft direkt zu erstatten sind. Sie kann weiter — und das wird ja in der Regel ausgemacht — verlangen, daß die Anzeigen nicht mündlich, sondern lediglich schriftlich gemacht werden sollen, und ähnliches.

Dann weiter, meine Herren, ist der Agent berechtigt, den Versicherungsschein, das, was wir heute Police nennen, und den Verlängerungsschein den Versicherten auszuhändigen, und endlich — und auch das ist wieder neu und wird von den Versicherungsgesellschaften bekämpft — der Agent ist berechtigt, fällige Prämien, aber nur fällige Prämien, nicht vorauszuzahlende Prämien, anzunehmen und rechtsgültig darüber Quittung zu erteilen. Hiergegen haben die Versicherungsgesellschaften lebhaft angekämpft, sie wünschen, daß hier hinzugefügt wird, daß nur der von ihnen legitimierte Agent, der im einzelnen Falle von ihnen zur Entgegennahme von Prämien legitimiert ist, diese Befugnis haben solle.

Wie ich schon ausführte, meine Herren, sind Beschränkungen dieser gesetzlichen Vorschriften und dieser gesetzlichen Ermächtigungen für die Agenten möglich, und derartige Beschränkungen werden nicht bloß sachlich eintreten, sondern sie werden in der Praxis namentlich durchgängig in örtlicher Beziehung eintreten. Es wird die einzelne Versicherungsgesellschaft ihren Agenten ja natürlich nur einen ganz bestimmten Amtskreis zuweisen, so daß nicht der Fall eintreten kann —

ich erwähne ihn, weil er in dem Heft, das den Herren in die Hände gegeben ist, auch zum Ausdruck gekommen ist — daß etwa ein Versicherter, der in Königsberg versichert ist, bei einer zufälligen Durchreise durch München dem dortigen Agenten der Gesellschaft in München seine Erklärung abgeben darf. Aber diese Beschränkungen der gesetzlichen Vorschriften gelten nur insoweit, als sie dem Versicherten zur Kenntnis gekommen sind oder aber, als der Versicherte sie in fahrlässiger Weise nicht zur Kenntnis bekommen hat.

Ich gehe nun zur Darstellung der besonderen Vorschriften für die Feuerversicherung über. Nach heutigem Recht, nach dem Gesetze vom 12. Mai 1901, sind im Privat-Feuerversicherungswesen nur Aktiengesellschaften und sogenannte Versicherungsvereine auf Gegenseitigkeit, d. h. wie wir es in der üblichen Weise nennen: die Versicherungsgesellschaften auf Gegenseitigkeit, wie beispielsweise die Gothaer Gesellschaft und eine Reihe anderer zugelassen.

Der Abschluß des Versicherungsvertrages — und das, meine Herren, ist wieder etwas, worauf besonders aufmerksam gemacht werden muß, weil es in dem täglichen Leben eigentlich immer anders aufgefaßt wird — erfolgt, wie die meisten Verträge nach dem Bürgerlichen Gesetzbuch und dem Handelsgesetzbuch, formlos, d. h. er kann mündlich erfolgen. Es kann natürlich im einzelnen Falle Schriftlichkeit ausbedungen sein, oder sie kann tatsächlich eintreten. Jedenfalls ist gesetzlich nur erforderlich, daß die beiden Kontrahenten, die einen Vertrag abschließen, sich über den Vertragsinhalt geeinigt haben. Sobald diese Einigung über den Vertragsinhalt stattgefunden hat, ist der Versicherungsvertrag abgeschlossen.

Im täglichen Leben wird im allgemeinen ja eine andere Konstruktion angewandt. Da geht man davon aus, daß der Abschluß des Vertrages stattfindet durch die Aushändigung der Police. Nun, meine Herren, ist es ja durchaus möglich im einzelnen Falle, als einen Teil des Vertragsinhaltes, zu vereinbaren, daß der Vertrag erst Gültigkeit haben soll und existent werden soll in dem Augenblick, in dem die Police, der Versicherungsschein, von der andern Seite ausgehändigt worden ist. Der Gesetzentwurf selbst steht aber auf dem andern Standpunkt. Daraus erklären sich eine Reihe von Bestimmungen, die er gibt. Der Gesetzentwurf steht auf dem Standpunkt, daß, wie gesagt, der Versicherungsvertrag bereits vorher abgeschlossen worden ist und daß während des geltenden Versicherungsvertrages nunmehr die Versicherungsgesellschaft dem Versicherten eine Beurkundung darüber aushändigt, was nach ihrer (der Versicherungsgesellschaft) Auffassung der Inhalt des abgeschlossenen Vertrages ist, und weil dem so ist, weil der Entwurf diese Auffassung hat, deshalb ist noch eine Reihe von Bestimmungen im Gesetzentwurf gegeben, daß die andere Partei sich darüber äußern kann, und zwar binnen einer bestimmten Frist von einem Monat darüber äußern kann, ob der Inhalt dieser einseitigen Beurkundung, wie sie in dem Versicherungsschein von den Feuerversicherungsgesellschaften und ebenso von den anderen Versicherungsgesellschaften ausgesprochen wird, übereinstimmt mit dem Inhalte des Vertrages, der bereits vorher zwischen den beiden Kontrahenten zu stande gekommen ist.

Was die Pflichten der beiden Kontrahenten während des laufenden Vertrages anbetrifft, so hat der Versicherer im allgemeinen bis zu dem Eintritt des Versicherungsfalles, wie es bei der Feuerversicherung heißt des Brandfalles, irgend welche besonderen Pflichten gegenüber dem Versicherten nicht zu übernehmen. Seine Pflicht besteht darin und erschöpft sich darin, daß er bei dem Eintritt des Brandfalles, insoweit die Voraussetzungen für seine Schadensersatzpflicht gegeben sind, dem Versicherten den Schadensersatz zu leisten hat. Der Versicherte seinerseits hat dagegen eine Reihe von einzelnen Pflichten. Einmal ist er verpflichtet, die Prämien zu zahlen und zwar die Prämien zu den fest bestimmten Terminen zu zahlen. Solange er die erste Prämie nicht gezahlt hat, bestehen Verpflichtungen der Versicherungsgesellschaft gegenüber dem Versicherten nicht, es sei denn, daß die Versicherungsgesellschaft dem betreffenden Versicherten entweder die Prämie gestundet hat oder aber, daß sie dem Versicherten bereits den Versicherungsschein ausgehändigt hat, denn der Gesetzentwurf geht davon aus, daß im letzteren Falle, wenn die Police bereits ausgehändigt ist, sich daraus der Wille der Versicherungsgesellschaft ergibt, den Vertrag, auch ohne daß von der andern Seite bereits etwas geleistet ist, als gültig zu betrachten.

Dann besteht eine Reihe von Anzeigepflichten für den Versicherten. Er hat Anzeige zu erstatten, namentlich wenn während des Laufes der Versicherung Gefahrerhöhungen eingetreten sind. Auch da, meine Herren, hat der Gesetzentwurf eine Reihe von Bestimmungen getroffen, die gegenüber dem heute geltenden Recht und der heute geltenden Praxis erhebliche Erleichterungen für den Versicherten gewähren. Einmal geht der Entwurf davon aus, daß als Gefahrerhöhung nicht jede Erhöhung der Gefahr gegenüber dem Zustande zu betrachten ist, der bei dem Abschluß des Vertrages vorhanden war, sondern daß als Gefahrerhöhungen im Sinne des Vertrages nur e r h e b l i c h e Gefahrerhöhungen zu betrachten sind. Was als erheblich zu erachten ist, darüber werden sich natürlich häufig Differenzen zwischen den beiden Teilen ergeben können, Differenzen, die im letzten Grunde ja schließlich zu gerichtlichem Austrag führen werden und führen müssen. Dann aber geht der Gesetzentwurf davon aus, daß auch von diesen erheblichen Gefahrerhöhungen durchaus nicht alle für den Versicherten von Rechtserheblichkeit sind, sondern daß der Versicherte nur verpflichtet ist, diejenigen erheblichen Gefahrerhöhungen den Versicherungsgesellschaften mitzuteilen, daß die Versicherungsgesellschaft ihrerseits nur insoweit berechtigt ist, von dem Vertrage zurückzutreten, den Vertrag aufzulösen, als es sich um Gefahrerhöhungen handelt, die nicht nach der Natur der Sache vorauszusetzen waren, eine Veränderung der Verhältnisse muß eintreten, wie sie bei Abschluß des Versicherungsvertrages nicht vorausgesetzt werden konnte; nur dann ist die Versicherungsgesellschaft zur Auflösung des Vertrages befugt.

Gegen diese Bestimmung des Gesetzentwurfs haben sich die Versicherungsgesellschaften lebhaft gewandt. Sie haben hervorgehoben, daß nach dieser Richtung hin eine wesentliche Erschwerung ihrer Position eintritt, eine Erschwerung, die nach ihren ausführlichen Darlegungen — die Herren finden das in dem Heft, das Ihnen übergeben worden ist, näher auseinandergesetzt — das Versicherungsgeschäft zum Teil erheblich zu schädigen, zum Teil, wie die Herren ausgeführt haben, geradezu unmöglich zu machen geeignet sei. Inwieweit diese Auffassung von den industriellen Kreisen gebilligt und zugestanden wurde, wollen die Herren auch aus den im Hefte abgedruckten Erörterungen ersehen.

Was dann endlich die Stellung des Entwurfs zu dem vertragswidrigen Verhalten der Versicherten, zu irgend welchen Rechtsverletzungen der Versicherten anbetrifft, so geht — ich habe bereits bei den allgemeinen Ausführungen darauf hingewiesen — der Entwurf davon aus, daß vor dem Eintreten des Brandfalles notwendig sei ein Verschulden des Versicherten, um ihm irgend welche Rechtsnachteile zuzufügen, und daß nach dem Eintreten des Brandfalles im allgemeinen sogar ein arglistiges Verhalten des Versicherten erforderlich sei, um dem Versicherten den ihm durch den Brandfall bereits zugefallenen Anspruch auf Schadensersatz wieder zu nehmen.

Nun, meine Herren, ist ja allerdings eine Bestimmung getroffen für die Feuerversicherung, die von diesem allgemeinen Recht, wenn ich mich so ausdrücken darf, abweicht. Im § 91 des Gesetzes ist bestimmt, daß die Verletzung der Anzeigepflicht nicht nur bei arglistigem Verhalten des Versicherten, sondern auch bei einem nicht arglistigen Verhalten zu dem Verlust des Versicherungsanspruchs führen kann. In den bisherigen Verhandlungen ist von industrieller Seite diese Vorschrift des Gesetzentwurfs lebhaft bekämpft worden, und es ist beschlossen worden, hier eine Aenderung des Gesetzentwurfs zu beantragen. Meine Herren, bei den ausführlichen Erörterungen, die gerade hierüber am 2. Oktober d. Js. stattgefunden haben, hat sich eine gewisse Annäherung der Anschauungen ergeben, eine Annäherung dahin, daß man den Feuerversicherungsgesellschaften zugestanden hat, daß allerdings der Begriff der Arglist hier wohl zu eng gefaßt sei, daß es wohl möglich sei, ihnen zuzugestehen, daß das Erlöschen der Ansprüche auch stattfinden könne bei solcher Verletzung der Anzeigepflicht, die auf Vorsatz oder auf grob fahrlässigem Verschulden des Versicherten beruht. Weitergehende Zusicherungen und ein weitergehendes Entgegenkommen gegenüber der Stellungnahme der Feuerversicherungsgesellschaften in diesem Punkte sind dagegen bei den bisherigen Verhandlungen von den Vertretern der industriellen Interessen ausdrücklich abgelehnt worden.

Ausführliche Erörterungen enthält der Entwurf über die Folgen, die sich aus der Gefahrerhöhung des versicherten Objekts für den Bestand und den Inhalt des Versicherungsvertrages ergeben. Ich habe bereits darauf hingewiesen, meine Herren, daß unter Gefahrerhöhung im Sinne des Entwurfs nicht jede Erhöhung der Gefahrumstände verstanden ist gegenüber dem Zeitpunkte, wo der Vertrag abgeschlossen wurde, sondern daß es sich nur um erhebliche Gefahrerhöhungen handeln darf, und daß solche Umstände, auf deren Aenderung der Versicherer gefaßt sein mußte, nicht unter den Begriff der rechtserheblichen Gefahrerhöhung gebracht werden können. Der Gesetzentwurf geht nun davon aus, daß der Versicherte nur verpflichtet ist, diejenigen Gefahrerhöhungen anzuzeigen, die ihm bekannt geworden sind, die er kennt. Dazu gehört allerdings — das ist ausdrücklich betont worden — daß der Versicherte sich benimmt, wie ein verständiger Mensch sich in solchen Fällen zu benehmen hat, das heißt, er darf nicht ganz flüchtig verfahren, wenn er seinen Versicherungsantrag ausfüllt und nur schnell etwas dahin schreiben, sondern er muß sich die einzelnen Verhältnisse seines Hauswesens, seiner Fabrikanlage überlegen, entsprechend der Wichtigkeit eines solchen Vertragsabschlusses. Dagegen ist der Versicherte nach der Auffassung des Entwurfs nicht verpflichtet, irgend welche Nachforschungen anzustellen dahin, ob etwa noch andere Gefahrumstände und Gefahrerhöhungen des Risikos vorhanden sind, als diejenigen, die ihm bekannt sind. Während des Vertrages hat der

Versicherte von denjenigen Gefahrerhöhungen, die ihm bekannt werden, der Versicherungsgesellschaft Anzeige zu erstatten. Sind diese Gefahrerhöhungen von dem Versicherten selbst oder in seinem Auftrage, mit seiner Zulassung von einem Dritten bewerkstelligt worden, so kann die Versicherungsgesellschaft den Vertrag ohne weiteres auflösen. Handelt es sich dagegen um Gefahrerhöhungen, die ohne Zutun des Versicherten entstanden sind, um objektive Gefahrerhöhungen, die von dritter Seite, durch die Natur oder durch andere Verhältnisse entstanden sind, so steht der Versicherungsgesellschaft nur ein Kündigungsrecht zu, ja in denjenigen Fällen, in denen ein Verschulden des Versicherten überhaupt nicht vorliegt, kann unter Umständen auch ein solches Kündigungsrecht ausgeschlossen sein und nur eine Prämienerhöhung darf dann unter gewissen Voraussetzungen von der Versicherungsgesellschaft vorgenommen werden. Auch gegen diese Bestimmung des Gesetzentwurfs haben sich die Feuerversicherungsgesellschaften lebhaft gewandt. § 35 des Gesetzentwurfs bestimmt, daß eine derartige Prämienerhöhung nur dann stattfinden darf, wenn feste Tarife aufgestellt sind und wenn sich ergibt, daß das Risiko, wie es jetzt nach der Erhöhung der Gefahr vorliegt, in eine andere Klasse des Tarifs hineintreten würde. Die Feuerversicherungsgesellschaften haben ihrerseits geltend gemacht, daß derartige feste Tarife mit einzelnen klassifizierten Nummern bei ihnen überhaupt nicht bestehen, sondern daß sie jeweils nach den individuellen Verhältnissen des einzelnen Risikos die Prämien bestimmen. Der Gesetzentwurf geht seinerseits davon aus, daß bei einer solchen Regelung der Prämie keine Möglichkeit vorhanden ist, eine Prämienerhöhung seitens der Versicherungsgesellschaft vorzunehmen, und aus diesem Grunde, wie gesagt, ist von den Feuerversicherungsgesellschaften die Vorschrift des § 35 lebhaft bekämpft worden. In den Kommissionen, die bisher über diese Frage verhandelt haben, ist von industrieller Seite besonders betont worden, daß gerade diese Bestimmung des § 35 für die Industrie von nicht unerheblichem Werte sei.

Ich gehe zu den Rechtsfolgen der Verletzung über, die sich der Versicherte zu Schulden kommen läßt. Liegt in einem Falle arglistiges Verhalten des Versicherten vor, so kann von der Versicherungsgesellschaft darauf jedesmal mit sofortiger Auflösung des Vertrages reagiert werden. Liegt dagegen nicht arglistiges Verhalten, sondern lediglich ein anderes, minderes Verschulden des Versicherten vor, so ist im allgemeinen den Versicherungsgesellschaften nicht die Möglichkeit gegeben, den Vertrag sofort aufzulösen, sondern sie haben nur das Recht, den Vertrag unter Innehaltung bestimmter Kündigungsfristen zu kündigen.

Meine Herren, der Brandschaden ist eingetreten und es fragt sich, wieweit der Brandschaden durch die Versicherung gedeckt wird. Der Gesetzentwurf geht davon aus, daß unter Brandschaden auch Explosionen jeder Art und Blitzschlag zu verstehen sind. In den Verhandlungen, die darüber geführt worden sind, hat man von industrieller Seite es für richtig erachtet, daß der Begriff des Brandschadens möglichst weit gezogen werden möchte. Andererseits ist darauf ausdrücklich aufmerksam zu machen, daß diese Bestimmung nicht zwingender Natur ist und daß die Anregung, die im Laufe der Verhandlungen gegeben wurde, den Antrag zu stellen, daß diese Bestimmung zwingender Natur werden müsse, nicht zu irgend welchem Effekt geführt hat. Es kann also im Einzelfalle von der Versicherungsgesellschaft durchaus für den einzelnen Versicherungsvertrag festgestellt werden, daß Explosionen irgend welcher Art oder Blitzschläge nicht unter den Versicherungsvertrag fallen sollen oder daß nur Explosionen bestimmter Art, beispielsweise die durch Leuchtgas herbeigeführten, unter den Versicherungsvertrag fallen sollen. Es ist auch hervorgehoben worden, daß diese Möglichkeit, den Brandschaden zu beschränken, insofern, als dafür Versicherungsentschädigung gegeben wird, durchaus im Interesse der Industrie liegt, deshalb, weil ja sonst eine Reihe von Industrien, bei denen die Gefahr von Explosionen überhaupt nicht oder wenigstens sehr selten vorliegt, die erhöhten Prämien für andere Versicherungszweige mittragen müßten, bei denen derartige Explosionen häufig vorkommen, wenn diese Bestimmung zu einer zwingenden gemacht würde.

Denjenigen Wert, für den Schadensersatz zu leisten ist, bezeichnet der Gesetzentwurf als Versicherungswert, und hier, meine Herren, liegt eine ganze Reihe von Differenzen sowohl innerhalb der Literatur, wie innerhalb der einzelnen Interessentenkreise vor. Es fragt sich, ob die Versicherung aufgefaßt werden soll als Sachversicherung oder als Interessenversicherung. Unser deutsches Recht und unsere deutsche Praxis hat sich schon seit längerer Zeit immer mehr und mehr — und das ist auch die Auffassung des Entwurfs — dem Standpunkt zugeneigt, daß das Interesse, das der Einzelne an den Gegenständen hat, die unter Versicherung gestellt werden, das Objekt der Versicherung und damit auch den Versicherungswert bildet.

Nach dem bisherigen Recht konnte, wenigstens in Preußen, nur versichert werden der wirklich entstandene Schaden und auch nur dieser vergütet werden. Der Gesetzentwurf geht weiter und läßt zu daß auch entgangener Gewinn unter Versicherung gestellt wird. In den Erörterungen und Beratungen, die bisher stattgefunden haben, ist von allen Seiten diese Möglichkeit, auch entgangenen Gewinn unter Versicherung zu stellen, als für die Industrie äußerst wünschenswert und als eine sehr erstrebenswerte Neuerung bezeichnet worden. Im Zusammenhang damit steht die Frage, wieweit mittelbarer Schaden, der bei Gelegenheit des Brandschadens entsteht, unter Versicherung gestellt werden kann oder inwieweit mittelbarer Schaden unter Versicherung gestellt werden muß, derart, daß die Versicherung in geradezu zwingender Weise auch diesen mittelbaren Schaden umfaßt. Von den Versicherungsgesellschaften ist der Standpunkt vertreten worden, daß nur unmittelbarer Schaden unter Versicherung gestellt werden soll, weil sonst eine Uebersicht darüber, inwieweit die Versicherungsgesellschaften aus den einzelnen Verträgen zu haften haben, für sie überhaupt nicht gegeben sei. Andererseits ist aus den Kreisen der Industrie sehr lebhaft betont worden, daß es für die Industrie durchaus wünschenswert sei, den Begriff des mittelbaren Schadens, der gleichzeitig in die Versicherung hineingezogen werden könne, möglichst weit zu ziehen. Von allen Seiten ist aber anerkannt worden, daß irgend welche zwingenden Vorschriften hierüber nicht gegeben werden können, daß vielmehr nur eine dispositive Vorschrift darüber erlassen werden solle, daß es möglich sei, auch mittelbaren Schaden hineinzuziehen. Im übrigen muß aber das Interesse jedes einzelnen Industriellen und das Interesse bei jedem einzelnen Versicherungsfalle darüber bestimmen, inwieweit die Versicherung ausgedehnt werden soll oder ausgedehnt werden darf.

Einige Fragen, an die ich nur ganz kurz erinnern möchte, sind dann die Fragen der Ueberversicherung und der Doppelversicherung. Der Gesetzentwurf sieht die Möglichkeit der Ueberversicherung vor, und er läßt diese Ueberversicherung, insoweit sie sich nicht zur Doppelversicherung auswächst, durchaus zu, und, meine Herren, es ist von allen Seiten erklärt worden, daß eine derartige Ueberversicherung durchaus im Interesse der Industrie liegt, daß es ein berechtigtes Interesse ist, in gewissen Fällen — man wolle annehmen, daß vielleicht die eine Versicherungsgesellschaft nicht mehr sicher ist, oder ähnliches — auf dasselbe Objekt noch eine weitere Versicherung zu nehmen, um auf jeden Fall gedeckt zu sein. Weiter ist auch ausgeführt worden, und zwar aus Kreisen der Textilindustrie, daß derartige Ueberversicherung auf Warenbestände vielfach absolut notwendig sei, weil man die Warenbestände möglichst hoch versichern müsse, um sich gegen die wechselnden Konjunkturen zu schützen, ohne daß in jedem einzelnen Falle dieser hohe Warenbestand seiner Menge oder seinem Werte nach auch tatsächlich vorhanden ist.

Endlich ist die Möglichkeit gegeben, taxierte Policen einzuführen, d. h. bereits bei Abschluß des Versicherungsvertrages oder bei Feststellung der Versicherungssumme festzusetzen, daß der Wert der einzelnen Gegenstände, der hier taxiert wird, auch im Brandschadensfalle als solcher gelten soll. Allerdings, meine Herren, sieht der Gesetzentwurf diese Möglichkeit nur vor für Gebäude, während er sie nicht auch für bewegliche Sachen, namentlich also auch nicht für Waren, anerkennt. Es wird die Frage sein, ob nicht nach dieser Richtung hin eine weitere Ausdehnung der taxierten Policen bei der weiteren Behandlung des Gesetzentwurfs im Interesse der Industrie liegt. Andererseits läßt sich nicht verkennen, daß gerade bei beweglichen Sachen und Warenbeständen der Schadensersatz nach dem Taxwert sehr leicht zu Mißbräuchen führen kann.

Nach dem Bürgerlichen Gesetzbuch ist die Entschädigung im allgemeinen in natura zu leisten. Das widerspräche ja den ganzen Voraussetzungen, unter denen sich das Versicherungswesen entwickelt hat, und deshalb bestimmt der Entwurf ausdrücklich, daß die Entschädigung in Geld erfolgen solle, ohne aber auch hier einen zwingenden Grundsatz auszusprechen. Meine Herren, es ist Ihnen allen bekannt, daß beispielsweise die Glasversicherung in der Regel die Entschädigung nicht in Geld, sondern in Natur leistet.

Ueber die Fälligkeit der Entschädigung sind bei den Vorverhandlungen längere Erörterungen geführt worden. Es ist dabei ein Antrag angenommen worden unter lebhaftem Protest der Feuerversicherungsgesellschaften, daß die Fälligkeit der Entschädigung in dem Augenblick des Brandfalles eintreten soll, so daß auch von diesem Augenblick an eine Verzinsung der Schadensersatzsumme stattfinden solle. Die Versicherungsgesellschaften haben ihrerseits erklärt, daß sie sich nicht damit einverstanden erklären könnten, daß als solcher Fälligkeitstermin der Tag des Brandes anzusehen sei, sondern sie vertreten die Auffassung, daß erst dann, wenn die Ermittelungen über die Schadensersatzsumme soweit erfolgt sind, daß nicht die Summe, aber der Schadensersatzanspruch als begründet anerkannt wird — daß erst von diesem Augenblick an die Verzinsungspflicht der Versicherungsgesellschaften entsteht. Wie gesagt, in der Kommission, die über diese Frage beraten hat, sind diese Anschauungen der Versicherungsgesellschaften nicht anerkannt worden.

Die Frage der Selbstversicherung ist gleichfalls in den bisherigen Verhandlungen mehrfach erwähnt worden. In einer Reihe von Fällen verlangen die Feuerversicherungsgesellschaften, daß der Versicherte einen Teil des Risikos unter Selbstversicherung nimmt. Es sind Wünsche zum Ausdruck gekommen, daß den Feuerversicherungsgesellschaften ein derartiges Verlangen gesetzlich untersagt werden solle. In der Erörterung ist aber schließlich anerkannt worden, daß berechtigte Interessen der Feuerversicherungsgesellschaften es sehr wohl verlangen können, daß der Versicherte einen Teil des Risikos mit ihnen gemeinschaftlich trägt, und es ist deshalb hier von irgend welchen Anträgen seitens der Kommission Abstand genommen worden.

Meine Herren, die Grenze der Entschädigung bildet immer die Versicherungssumme, so daß nur in einem einzigen Fall — es ist das ein verhältnismäßig wenig bedeutender Fall — über diese Versicherungssumme in der Zahlungspflicht der Versicherungsgesellschaften hinausgegangen worden ist und hinausgegangen werden muß. Es ist dies derjenige Fall, in dem der Versicherte Aufwendungen zur Abwendung oder Minderung des Schadens auf Anweisung der Versicherungsgesellschaft vornimmt. Wenn in diesem Falle durch diese Aufwendungen Kosten verursacht werden, die über die Versicherungssumme hinausgehen, so ist die Versicherungsgesellschaft trotzdem verpflichtet, diese von ihr ja selbst veranlaßten Aufwendungen des Versicherten zu übernehmen. Im übrigen ist, wie gesagt, die Versicherungssumme die obere Grenze der Schadensersatzpflicht. Aber wieweit im einzelnen Falle Schadensersatz zu leisten ist, bestimmt sich nach den Ermittelungen, die über den tatsächlich eingetretenen Schaden oder, wo dieser vertraglich festgesetzt ist, den tatsächlich wirklich entgangenen Gewinn angestellt werden. Das entspricht ja, meine Herren, abgesehen von der Frage des entgangenen Gewinns, dem Rechtszustand, wie er heute schon besteht.

Das Ende des Vertrages tritt entweder durch Ablauf der Zeit ein oder durch Eintritt eines Ereignisses, das von vornherein festgesetzt worden ist, beispielsweise es soll die Feuerversicherung aufhören, wenn das Schiff dort und dort angekommen ist, bei einer Versicherung, die auf das Schiff stattfindet, oder aber durch irgend eine sonstige Vereinbarung.

Nun, meine Herren, findet ja heute vielfach eine stillschweigende Verlängerung des Versicherungsvertrages statt, und zwar meist auf eine mehrjährige Dauer. Es hängt das zusammen mit den Rabattsätzen, die von den Feuerversicherungsgesellschaften für mehrjährige Versicherung gewährt werden. Der Gesetzentwurf bestimmt, daß derartige stillschweigende Verlängerungen des Versicherungsvertrages nur auf die Dauer eines Jahres gelten können, und daß im übrigen, soweit es sich um mehrjährige Verlängerungen handelt, stets ein ausdrücklicher neuer Vertragsabschluß eintreten muß.

Die Feuerversicherungsgesellschaften haben sich in den Verhandlungen, die hierüber geführt worden sind, lebhaft gegen diese Bestimmung des Gesetzentwurfs gewandt und zum Teil aus Gründen, die im Interesse des Versicherten selbst gelegen sind. Sie haben geltend gemacht, daß nach wenigen Jahren die große Mehrzahl der Versicherten nur unter einjähriger Versicherung Deckung finden würde, und daß das namentlich für den kleinen Versicherten, den kleinen Bürger und Bauer vielfach zu erheblichen Schwierigkeiten führen würde. Andererseits ist aus den Kreisen der Industrie sehr lebhaft betont worden, daß es wünschenswert sei, über den Ablauf solcher mehrjährigen Versicherungen unterrichtet zu sein, man habe eine Reihe von Schwierigkeiten darin gefunden, daß derartige mehrjährigen oder langjährigen Versicherungen, die vielleicht auf zehn Jahre abgeschlossen sind, wieder stillschweigend für dieselbe Zeit prolongiert werden. Es sind eine Reihe von Vorschlägen gemacht worden, um aus diesen Schwierigkeiten herauszukommen.

Meine Herren, befriedigt hat, glaube ich, keiner der Vorschläge. Die Versicherungsgesellschaften haben vorgeschlagen, — das ist den Herren ja bekannt geworden — daß eine stillschweigende Verlängerung auch bei mehrjährigen Verträgen eintreten soll, daß aber während des ersten Jahres dieser neuen Vertragsdauer der Versicherte die Möglichkeit hat, den Versicherungsvertrag noch wieder zu kündigen. Dadurch ist eigentlich das Verhältnis derart verschoben, daß eine stillschweigende mehrjährige Versicherung immer möglich ist, aber stets für eine Zeitdauer, die um ein Jahr geringer ist als die erstmalige Versicherungsdauer. Andererseits ist aus Kreisen der Industrie ausgesprochen worden, daß zwar mehrjährige stillschweigende Versicherung zugelassen werden soll, daß aber die Versicherungsgesellschaft drei, sechs Monate vor Ablauf der ersten Versicherungsperiode den Versicherten auf den Ablauf seiner Versicherung aufmerksam machen solle.

Die Versicherungsgesellschaften haben dagegen namentlich um deswillen opponiert, weil sie glaubten, daß ihnen dadurch civilrechtliche Schadensersatzansprüche auferlegt werden können, insofern diese Aufmerksammachung von ihnen übersehen ist. Auch halten sie es aus geschäftlichen Gründen für die einzelne Versicherungsgesellschaft nicht für wünschenswert, immer ausdrücklich darauf hinzuweisen, daß nun der Betreffende die Möglichkeit habe, von der einzelnen Versicherungsgesellschaft zu einer anderen abzugehen. Es würde dann leicht ein gegenseitiges Konkurrieren der Agenten der einzelnen Versicherungsgesellschaften eintreten können.

Die Veräußerung der versicherten Sache hebt im allgemeinen den Versicherungsschutz dieser Sache nicht auf. Dagegen ist Anzeige über die Veräußerung zu machen, und es kann, insofern diese Anzeige nicht binnen bestimmter Frist bei der Versicherungsgesellschaft eingeht, von der Versicherungsgesellschaft der Vertrag gelöst werden.

Meine Herren, von geringerer Bedeutung ist für die Industrie die Versicherung für fremde Rechnung und ebenso die Stellung der Hypothekengläubiger, die in dem Gesetzentwurf in umfassender Weise geregelt worden ist.

Meine Herren, es wäre dies in kurzen Zügen die Darlegung über den Inhalt des Gesetzentwurfs, insoweit er sich auf die Feuerversicherung bezieht. Ich muß aber noch einen einzigen Punkt aus den Verhandlungen herausgreifen, weil er in den Rahmen der bisherigen Darlegungen nicht ganz hineinpaßt, aber zu lebhaften Debatten in der Kommission geführt hat. Es ist das ein Antrag, der auch zum Beschluß erhoben ist, dahin, daß den Feuerversicherungsgesellschaften nicht gestattet werden soll, eine Bestimmung zu treffen, wonach sie den Versicherten die Verpflichtung auferlegen, bei keiner andern Versicherungsgesellschaft für den Teil des Risikos Versicherung zu nehmen, der nicht bei ihnen versichert ist. Es soll den Versicherungsgesellschaften also verboten werden, zu verlangen, daß der Versicherte immer das ganze Risiko bei ihnen versichert, wenn er nicht mit dem Rest unversichert bleiben will. Die Feuerversicherungsgesellschaften haben gegen diesen Beschluß lebhafte Opposition erhoben, und sie haben geltend gemacht, daß ihnen nicht zugemutet werden könne, mit Feuerversicherungsgesellschaften zusammenzuarbeiten, gegen deren Geschäftsgrundsätze oder gegen deren Solidität oder gegen deren Leistungsfähigkeit sie begründete Bedenken haben. Andererseits ist vom Standpunkt des Versicherungsnehmers geltend gemacht worden, — und diese Anschauungen haben eben durchgeschlagen — daß dem Versicherungsnehmer die Möglichkeit gegeben werden müsse, sich insoweit ihm nicht die Selbstversicherung ausdrücklich als Pflicht auferlegt sei, für den nichtversicherten Teil seines Risikos diejenige Versicherungsgesellschaft zu wählen, die ihm nach seinem Empfinden und nach seiner Auffassung als die am meisten geeignete erscheine. Wie gesagt, diese Frage, die auch in Verbindung gebracht worden ist mit der Kartellfrage und die in Beziehung gebracht ist mit der Freiheit des Handelns und der Vertragsfähigkeit des einzelnen Industriellen und des einzelnen Kaufmanns, hat zu lebhaften Erörterungen geführt. Eine Einigung der Anschauungen zwischen den Versicherungsgesellschaften und den Industriellen ist hier nach keiner Richtung hin zu erreichen gewesen.

Ich weiß nicht, ob es erwünscht ist, daß ich auch kurz noch auf die beiden anderen Versicherungsarten eingehe, die für die Industrie von Bedeutung sind. Es ist das die Transportversicherung und die Haftpflichtversicherung.

(Vorsitzender: Sind da Beschlüsse gefaßt?)

Nein.

Dann, meine Herren, darf ich wohl mit Rücksicht auf die immerhin doch recht vorgeschrittene Zeit hiermit mein Referat beenden.

(Lebhafter Beifall.)

Vorsitzender: Meine Herren, das Referat des Herrn Regierungsrats Leidig hat Ihnen gezeigt, daß er in die Sache gründlich eingedrungen ist, und ich glaube, wir hätten es keinem besseren Sachverständigen übertragen können, uns darüber hier Vortrag zu halten.

(Lebhafter Beifall.)

Meine Herren, ich beabsichtige nun, Ihnen folgenden Vorschlag zu machen: zuerst eine Generaldiskussion, alsdann Eintritt in die Beratung der Resolutionen, erst Nr. 1, dann Resolution Nr. 2, dann Resolution Nr. 3 und in Verbindung mit Resolution 3 die in dem Heft 96 auf Seite 7—18 enthaltenen Ausführungen, soweit sie sich als Beschlüsse charakterisieren. Würde sich der Ausschuß diesen Ausführungen anschließen, so würden die Beschlüsse der Kommission als Beschlüsse des Ausschusses zu charakterisieren sein. Dann würde die Beratung der Resolution Nr. 4 kommen.

Ich darf fragen, ob Sie mit dieser geschäftsordnungsmäßigen Behandlung einverstanden sind.

(Zustimmung.)

Das ist der Fall. Dann bitte ich den Herrn Referenten die Resolution, wie das Direktorium sie vorschlägt, zunächst nochmals zu verlesen.

Regierungsrat Dr. **Leidig:** Die Resolution, die Ihnen zur Annahme vorgeschlagen wird, lautet:

1. Der Centralverband Deutscher Industrieller erkennt in dem Entwurf über den Versicherungsvertrag eine, wenn auch im einzelnen verbesserungsbedürftige, so doch brauchbare Grundlage für die gesetzliche Regelung des Versicherungsrechtes. Er betrachtet insbesondere vermehrten Schutz des Versicherten gegen die Aufhebung der Versicherung und gegen den Verlust des Anspruchs auf die Versicherungssumme als eine wesentliche Verbesserung des bestehenden Rechts. Er erklärt sich namentlich auch mit

dem Grundsatze des Entwurfes einverstanden, daß Rechtsnachteile des Versicherten von seinem schuldhaften Verhalten abhängig gemacht und daß der Verlust der Vertragsrechte wesentlich nur bei Arglist des Versicherten zuzulassen ist.

2. Die bei der Beratung des Gesetzentwurfes über die privaten Versicherungsunternehmungen von dem Vertreter des Herrn Reichskanzlers in sichere Aussicht gestellte und auch von den Motiven als notwendig anerkannte Einbeziehung der öffentlichen Versicherungsanstalten in das Gesetz hält der Centralverband Deutscher Industrieller im Interesse der Rechtseinheit wie wegen der andernfalls in der Praxis bei gemeinschaftlichen Versicherungen entstehenden Schwierigkeiten insoweit für notwendig, als die öffentlichen Sozietäten in Wettbewerb mit privaten Versicherungsgesellschaften stehen.

3. Im übrigen verweist der Centralverband Deutscher Industrieller für die Wünsche der in ihm vereinigten Industrien hinsichtlich der Einzelvorschriften des Entwurfes auf die Beschlüsse seiner Kommission vom 1. Oktober und auf die Verhandlungen dieser Kommission mit Vertretern der Feuerversicherungsgesellschaften am 2. Oktober 1903 und hält namentlich die Berücksichtigung derjenigen Anschauungen, über die in diesen Verhandlungen eine Einigung zwischen den Feuerversicherungsgesellschaften und den Vertretern der Industrie erzielt worden ist, in dem Gesetzentwurf für erforderlich.

4. Der Centralverband Deutscher Industrieller nimmt mit Befriedigung davon Kenntnis, daß die Vertreter der Feuerversicherungsgesellschaften sich bereit erklärt haben, nach Verabschiedung des Entwurfes die allgemeinen Bedingungen für die Versicherung industrieller Risiken im Einvernehmen mit Vertretern der Industrie neuzuordnen.

Vorsitzender: Wir treten nun in die Generaldiskussion ein und ich darf bitten, sich zum Wort zu melden.

Reichstagsabgeordneter Dr. **Beumer**-Düsseldorf: Meine Herren, die Resolution, welche uns hier durch das Direktorium unterbreitet worden ist, stellt in verschiedenen Punkten ein Kompromiß dar zwischen den verschiedenen Anschauungen, die sich bei der eingehenden Beratung in der Kommission herausgestellt haben. In der gestrigen Sitzung, die mehrere Stunden gedauert hat, haben sich die Meinungen im allgemeinen auf den Wortlaut der Resolution geeinigt, wie er

Ihnen hier vorliegt, und ich möchte Ihnen meinerseits vorschlagen, daß Sie die Resolution en bloc annehmen, ohne in eine weitere Diskussion dieser Sache einzutreten. Ich glaube, der Kommission, obgleich ich selbst Mitglied derselben bin — Sie mögen mich also ausnehmen — das Zeugnis ausstellen zu können, daß sie auf das fleißigste gearbeitet hat, und daß tatsächlich in ihrer Resolution die verschiedenen Meinungen über den Gesetzentwurf zum Ausdrucke kommen. Ich selbst habe gestern noch in der Kommission anfänglich einen wesentlich anderen Standpunkt zu dem Aufbau des Gesetzentwurfs eingenommen, und die Zerlegung des Gesetzentwurfs in verschiedene Teile befürwortet. Selbstverständlich stehe ich heute davon ab, die Gründe dafür anzugeben; ich habe mich schließlich dieser Resolution angeschlossen, nachdem hinzugefügt worden ist, daß der Gesetzentwurf ja im einzelnen verbesserungsfähig erscheint.

Ich stelle also hiermit den Antrag auf en bloc-Annahme der Resolution.

Vorsitzender: Meine Herren, meinem Vorschlage gegenüber steht nun also der Antrag des Herrn Dr. Beumer, und da derselbe der weitergehendere ist, würde er zunächst zur Abstimmung kommen.

Generalsekretär **Stumpf**-Osnabrück: Ehe wir zur Abstimmung schreiten, möchte ich doch befürworten, es bei dem Vorschlage zu belassen, den uns der Herr Vorsitzende gemacht hat, und zwar aus einem sehr einfachen Grunde. Man kann mit vielen Sätzen der vorgeschlagenen Resolution durchaus und von vorneherein einverstanden sein. Es könnte sich aber doch finden, daß namentlich bezüglich der Nr. 3 der Resolutionen noch abweichende Meinungen vorhanden wären, und deshalb glaube ich, ist bei vorheriger Aussprache eine größere Sicherheit gegeben, Einstimmigkeit zu erzielen, als wenn wir eine en bloc-Annahme anstreben. Ich werde mir gestatten, zu Nr. 3 der Resolutionen noch einige Bemerkungen zu machen, wenn dem Vorschlage des Herrn Vorsitzenden Folge gegeben wird.

Vorsitzender: Würde Herr Dr. Beumer nicht vielleicht seinen Antrag zurückziehen?

Reichstagsabgeordneter Dr. **Beumer**-Düsseldorf: Da Widerspruch erhoben worden ist, ziehe ich meinen Antrag zurück.

Handelskammersyndikus Dr. **Dietrich**-Plauen: Meine Herren, ich möchte mir einige Worte im allgemeinen gestatten; wenn ich dabei gleich auf Nr. 1 Bezug nehmen darf, da sich das nicht ganz trennen läßt . . .

Vorsitzender: Meine Herren, dann schlage ich Ihnen gleich vor, Nr. 1 vorweg zu nehmen und mit der Nr. 1 die Generaldiskussion zu verknüpfen. — Die Versammlung ist damit einverstanden.

Handelskammersyndikus Dr. **Dietrich**-Plauen: Meine Herren, Sie haben ja aus dem ausgezeichneten Vortrage des Herrn Referenten gesehen, daß ein ganz eingehendes Studium dazu gehört, um diesen Entwurf zu beherrschen, und es wird deshalb denjenigen, die nicht Juristen sind, wohl nicht untersagt werden können, wenn sie einzelne Zweifel haben, die sie vielleicht auch zum Ausdruck bringen, nachdem insbesondere, wie gestern bemerkt worden ist, es ja den wirtschaftlichen Korporationen, die zum Centralverband gehören, bisher zum Teil noch gar nicht möglich gewesen ist, Stellung zu nehmen. Das ist wohl darauf zurückzuführen, daß sie das, was bisher verhandelt wurde, größtenteils als Material betrachten mußten, zumal ja, wie der Herr Referent selber hervorgehoben hat, eine Einigung in wesentlichen Punkten nicht zu stande gekommen ist.

Nun wird ja der Gesetzentwurf zu betrachten sein einmal vom Standpunkt der Versicherungswissenschaft aus, dann vom juristischen Standpunkt aus; aber ausschlaggebend ist nach meinem Dafürhalten wohl der Gesichtspunkt, daß wir den Gesetzentwurf, soweit wirtschaftliche Körperschaften in Frage kommen, doch nur behandeln können nach allgemein volkswirtschaftlichen Rücksichten, und da muß ich sagen, daß mir der allgemeine Gesichtspunkt, der wohl von Herrn Generalsekretär **Bueck** zuerst aufgestellt worden ist, überaus sympathisch ist, daß wir auf der einen Seite die Rechte der Versicherungsnehmer in jeder Richtung zu wahren suchen müssen, auf der andern Seite aber nicht so weit gehen dürfen, daß wir die Leistungsfähigkeit der Versicherungsgesellschaften unterbinden.

(Sehr richtig!)

Insofern liegt eine Solidarität der Interessen der Industrie und der Versicherungsgesellschaften ganz unzweifelhaft vor.

Nun haben aber bei einem der wesentlichsten Punkte des Entwurfs die Versicherungsgesellschaften erklären müssen, daß die Aufrechterhaltung desselben — wenn sie das auch nicht expressis verbis gesagt haben — für sie die Annahme des Entwurfs eigentlich so ziemlich unmöglich machen würde, nämlich wenn nur die Arglist die Verwirkung des Vertrages herbeiführen soll. Die Gesellschaften haben das Bestreben gehabt, zu erreichen, daß auch ein Verschulden, vielleicht ein fahrlässiges Verschulden, bei Schließung des Vertrages dazu führen müsse, daß sie berechtigt seien, von dem Vertrage zurückzutreten. Das Fundament der ganzen Versicherung ist nun aber doch der Abschluß des Vertrages, und da habe ich mir die Frage vorgelegt, ob es vom Standpunkt der Industrie aus berechtigt ist, bei diesem Punkte zu beharren, der ja auch in Nummer 1 der vorgeschlagenen Resolution ausdrücklich behandelt ist, wo also namentlich hervorgehoben wird, daß der Verlust der Vertragsrechte wesentlich nur bei Arglist des Versicherten zuzulassen ist. Ich habe versucht, mir die Frage nach der Richtung hin zu beantworten, was eigentlich geschehen würde und wie sich die Industrie stellen würde, wenn Sie diesen Punkt aufrecht erhalten.

Meine Herren, in § 14 bis 17 ist ja die Frage behandelt, und zwar dahin, daß prinzipiell der Versicherte zunächst sämtliche Gefahrumstände anzugeben hat, und daß er haftet, wenn er erhebliche Umstände verschwiegen hat. Nun hat die Sache, wie ich es beurteilen kann, vorher wohl so gelegen, daß die Versicherungsgesellschaften bestimmte Fragen, dann aber eine subsidäre Frage an die Versicherungsnehmer gestellt haben: Welche Umstände sind außerdem vorhanden, die die Gefahrerhöhung bedingen? Wenn die Versicherungsgesellschaften jetzt bestimmte Fragen stellen wollen, dürften sie eine derartige allgemeine Frage meines Erachtens garnicht mehr stellen, sondern sie müßten ganz bestimmte Fragen stellen. Dann setzen sie sich aber der Gefahr aus, daß sie nur dann vom Vertrage zurücktreten können, wenn sie dem Versicherten eine Arglist bei der Beantwortung nachweisen.

Meine Herren, ich sage mir, wenn wir an diesem Punkte festhalten, so wird der Industrie damit vielleicht garnicht sehr viel gedient sein. Dann werden die Versicherungsgesellschaften sich einfach auf den Standpunkt stellen, daß sie von bestimmten schriftlichen Fragen einfach absehen und dem Versicherungsnehmer aufbürden, alles zu sagen, was er weiß. Dann würde nicht der Schutz vorhanden sein für den Versicherten, sondern es würde einfach die Bestimmung des § 15 in Betracht kommen.

Meine Herren, ich bin mir wirklich nicht klar, ob mit der Aufrechterhaltung der Arglist als der einzigen Verwirkungsklausel bei Schließung des Vertrages der Industrie vollkommen gedient sein wird, uud ich würde sehr dankbar sein, wenn über diesen Punkt auch von anderer Seite noch gesprochen würde. Wenn sich nach dieser Richtung, also bei diesem fundamentalen Punkte über den Abschluß des Versicherungsvertrages eine Einigung erzielen ließe, so glaube ich, daß es dann auch leichter sein würde, auf weiteren Gebieten, insbesondere wegen der Gefahrenveränderung während der Dauer des Vertrages, eine Einigung mit den Versicherungsgesellschaften zu erzielen.

Ich möchte mich auf diese Worte beschränken und glaube die Schlußfolgerung daraus ziehen zu dürfen, daß man vielleicht in der Resolution die Erwartung zum Ausdruck bringen könnte, daß auf Grund des Entwurfs ein Gesetz über den Versicherungsvertrag zu stande kommen möge, das unter Wahrung der Leistungsfähigkeit der Versicherungsgesellschaften den berechtigten volkswirtschaftlichen Ansprüchen der Versicherungsnehmer genügend Rechnung trägt.

Ich will vorläufig einen derartigen Antrag nicht stellen, sondern möchte mir nur gestatten, das zur Debatte zu stellen.

Vorsitzender: Wünscht jemand hierzu das Wort? Sonst darf ich wohl konstatieren, daß gerade in Betreff des Wortes Arglist eine Meinungsäußerung seitens der Vertreter der Industrie seinerzeit stattgefunden hat, dahingehend: erstens an dem ersten Tage wurde beschlossen, die Vorschriften dieses Paragraphen werden als im Interesse der Industrie liegend anerkannt, also es wurde ausdrücklich das Wort „arglistig" gutgeheißen. Jedoch auf die Remonstration seitens der Feuerversicherungsgesellschaften am zweiten Tage, das Wort „arglistig" ist durch „vorsätzlich" oder „grob fahrlässig" zu ersetzen, betonten die Vertreter der Industrie, daß höchstens an Stelle von „arglistig" der Begriff „vorsätzlich" zu konzedieren sei. Also das war der Standpunkt Ihrer Kommissionsmitglieder. Ein Antrag, das Wort „Arglist" hier zu eliminieren, ist bis jetzt nicht gestellt.

Meine Herren, wenn sich niemand mehr zum Worte meldet, würden wir zur Abstimmung kommen über die Nummer 1 der Resolutionen. Ich kann also die Diskussion schließen und bitte diejenigen, welche die Resolution annehmen wollen, wie sie Ihnen vorliegt, die Hand zu erheben. (Geschieht.) Meine Herren, ich bitte um die Gegenprobe. — Die Resolution ist einstimmig angenommen.

Wir kommen zur Resolution 2. Ich eröffne die Diskussion darüber.

Dr. **Martens**-Dortmund: Meine Herren, die Nummer 2 der Resolutionen, die wir jetzt besprechen sollen, bezieht sich auf § 181 des Gesetzes. Ich möchte mir nur erlauben, eine kurze Anfrage in Bezug auf diesen Paragraphen zu stellen.

Die Handelskammer in Dortmund hat sich mit diesem Gesetzentwurf beschäftigt und natürlich auch eingehend mit dem § 181, und da erklärte sich eine Stimme dafür, daß dieser Paragraph so erhalten werden solle, wie er jetzt ist; das will also sagen, daß das Privilegium, das den Feuersozietäten gegeben werden soll, daß sie von den Bestimmungen des Entwurfs ausgeschlossen sind, erhalten werden soll, und zwar wurde das von der einen Persönlichkeit damit begründet, daß sie sagte, die Feuersozietäten hätten auch mehr Verpflichtungen als die anderen, sie hätten z. B. die Annahmepflicht. Sie müßten jede Versicherung, auch oberfaule, annehmen, z. B. die feuergefährlichsten Strohdächer und so weiter.

Ich habe nun aus der Denkschrift der Feuerversicherungsgesellschaften auf Gegenseitigkeit gesehen, daß das bei einigen Feuersozietäten nicht der Fall ist, daß sie also die Annahmepflicht nicht haben. Nun würde es mir interessant sein, zu wissen, ob dieses Nichtvorhandensein der Annahmepflicht nur bei einigen wenigen existiert oder bei den meisten oder bei allen. Ich glaube, die Herren, die sich eingehend mit der Sache beschäftigen, werden mir darauf Antwort geben können.

Generalsekretär **Bueck**: Soviel mir bekannt ist, besteht bei keiner einzigen öffentlichen Anstalt eine Verpflichtung, alle Risiken anzunehmen. Im Gegenteil ist es die Regel, daß in ihren Reglements oder Statuten sogar ganze Kategorien von Risiken von den Sozietäten ausgeschlossen werden,

(Dr. Beumer: Sehr richtig!),

im einzelnen aber der Fall täglich vorkommt, daß von den Sozietäten, von den öffentlichen Feuerversicherungsgesellschaften Risiken abgewiesen werden. Ganz eklatant ist das hervorgetreten bei der Rekonstruktion einzelner dieser Anstalten, wie z. B. der rheinischen und namentlich der hannöverschen Anstalt. Bei der Rekonstruktion der hannöverschen Anstalt sind ganze Massen von Risiken abgestoßen worden. Das spricht dafür — was aber auch aus jedem Reglement oder jedem gesetzlich oder behördlich genehmigten Statut zu ersehen ist —, daß ein Zwang für die öffentlichen Anstalten, allen Risiken aufzunehmen, nicht besteht.

van den Wyngaert-Berlin: Ich möchte mitteilen, daß hier in der Provinz Brandenburg die Sozietäten geradezu die Industrie von sich abwälzen und meistens nur die Gebäude in Versicherung nehmen.

Vorsitzender: Das Wort wird nicht weiter verlangt. Ich kann die Diskussion schließen und darf wohl ohne Abstimmung konstatieren, daß Nummer 2 der Resolutionen von Ihnen einstimmig angenommen worden ist.

Meine Herren, wir kommen nun zu der dritten Resolution und hiermit in Verbindung meinem Vorschlage gemäß zu den seinerzeit am 1. und 2. Oktober gefaßten Beschlüssen, welche in Heft 96 niedergelegt sind.

Generalsekretär **Stumpf**-Osnabrück: Meine Herren, wenn ich auch mit dem Inhalt der am 1. und 2. Oktober gefaßten Beschlüsse im allgemeinen einverstanden bin und infolgedessen dem Sinne nach auch mit der hier vorliegenden Resolution unter Punkt 3, so bringt mich doch die Fassung derselben einigermaßen in Verlegenheit. Ich muß nämlich gestehen, ich bin eigentlich in der Erwartung hierher gekommen, daß wir im Ausschuß des Centralverbandes zwar nicht die ganzen Paragraphen des Gesetzes der Reihe nach alle einzeln durchgehen, aber doch fragen würden, wer hat zu dem und dem Paragraphen einen Wunsch zu äußern? Hier steht:

„Im übrigen verweist der Centralverband Deutscher Industrieller für die Wünsche der in ihm vereinigten Industrien hinsichtlich der Einzelvorschriften des Entwurfes auf die Beschlüsse seiner Kommission vom 1. Oktober und auf die Verhandlungen dieser Kommission mit Vertretern der Feuerversicherungsgesellschaften am 2. Oktober 1903 und hält namentlich die Berücksichtigung derjenigen Anschauungen, über die in diesen Verhandlungen eine Einigung zwischen den Feuerversicherungsgesellschaften und den Vertretern der Industrie erzielt worden ist, in dem Gesetzentwurf für erforderlich."

Ich möchte darauf aufmerksam machen, daß in der Kommission, die am 1. und 2. Oktober hier getagt hat, doch jedenfalls nicht sämtliche Kreise der Industrie so vertreten gewesen sind, daß man in der Allgemeinheit hier der Oeffentlichkeit gegenüber sagen könnte: das sind nun auch die sämtlichen Wünsche der im Centralverband vereinigten Industrien. Das für mich Unannehmbare liegt also in der Fassung. Wenn hier stände: im übrigen verweist der Centralverband Deutscher Industrieller auf die bislang verlautbarten Wünsche der in ihm vereinigten Industrien u. s. w., dann wäre die Sache richtig, und dann würde ich die Resolution ohne Einschränkung annehmen können. Es liegen nämlich nach Maßgabe der Interessen derjenigen Kreise, die ich zu vertreten berufen bin, tatsächlich in Bezug auf die Gestaltung des Gesetzentwurfs noch einige Wünsche vor, die in der Verhandlung der Kommission am 1. und 2. Oktober nicht zur Erörterung gekommen sind. Ich kann also nicht anerkennen, daß in der Resolution 3 die sämtlichen Wünsche der in dem Centralverband vereinigten Industrien Berücksichtigung finden, weil eben die Kommission, die hier zusammengetreten war, nicht diese sämtlichen Wünsche kannte und sie infolgedessen auch nicht hat beraten können. Ich gebe zu, daß die Anliegen, die ich zu vertreten habe, ja nicht welterschütternder Natur sind. Sie sind aber doch von einer gewissen Bedeutung, so daß ich die Resolution nur mit der Einschränkung annehmen könnte, daß sie sich beziehen soll auf die bislang verlautbarten Wünsche der in dem Centralverband vereinigten Industrien. Es ist in diesem Punkte, wie gesagt, für mich eine gewisse Verlegenheit vorhanden. Es ist ja möglich, daß die Herren sich in ihrer Mehrheit über die Fassung der Resolution, wie sie jetzt vorliegt, verständigen und ich habe für diesen Fall mit meinen Ausführungen nur begründen wollen, daß, wenn meine Wünsche hier nicht mehr zur Berücksichtigung gelangen können, ich nicht in der Lage bin, dieser Resolution persönlich zuzustimmen.

Vielleicht ist es mir indessen gestattet, auf die paar Punkte aufmerksam zu machen, die hauptsächlich in Frage kommen; es sind nicht viele und sie sind für die Herren doch vielleicht insofern von Interesse, als man gern davon Kenntnis nimmt, wenn bei Erörterung dieses wichtigen Gesetzentwurfs vielleicht auch von anderer Seite noch einige Mängel oder Lücken gefunden wurden.

Da handelt es sich namentlich um das Verfahren der Schätzung des entstandenen Schadens bei eingetretenem Versicherungsfall. Nach den Erfahrungen, die man in meinem Bezirk gemacht hat, ergibt sich, daß nicht nur bei kleinen Industriellen, sondern auch bei größeren mitunter bedauerliche Verstimmungen eintreten dadurch, daß die Versicherungsgesellschaft ihren außerordentlich geübten und namentlich in Bezug auf persönliche Gewandtheit und taktisches Vorgehen sehr klugen und erfahrenen Vertrauensmann als Schätzer mitbrachte, dem der Versicherte dann irgend einen Schätzer aus dem Kreise von Leuten, die er vielleicht nicht einmal genügend kennt, gegenüberstellen mußte. Es hat sich dann nicht selten — ob mit Recht oder mit Unrecht, lasse ich ganz dahingestellt — dem Versicherten das unangenehme Gefühl aufgedrängt, als wenn der sachverständige Schätzer der Versicherten durch jenen Vertreter der Versicherungsgesellschaft, der mit erheblich größerer Erfahrung und Gewandtheit vorging, mehr oder weniger überwältigt worden ist — ein klassischerer Ausdruck fällt mir eben nicht ein. Deshalb hat man bei uns den Wunsch, daß — damit die beiderseitigen Interessen genügend gewahrt würden — eine Bestimmung in das Gesetz aufgenommen werden möge, welche sagt, daß für jeden größeren Bezirk, also sagen wir für jeden Regierungsbezirk, aus den verschiedensten Zweigen der Gewerbe — in Preußen etwa durch die Bezirksausschüsse oder durch ähnliche Organe — nach den Vorschlägen der im Bezirk bestehenden offiziellen Interessenvertretungen Sachverständige von der obersten Verwaltungsbehörde ernannt werden, die im Schadenfalle mit der Abschätzung des Schadens zu betrauen sind; daraus könnten beide Parteien ihre Leute wählen. Selbst damit würde man sich einverstanden erklären, wenn bestimmt würde, daß bei freier, von den Parteien nach der bisherigen Gepflogenheit vorzunehmenden Wahl der Schätzer aus den Kreisen der von der oberen Verwaltungsbehörde bestellten sachverständigen Personen jedesmal ein Obmann obligatorisch diesen Schätzern zur Seite zu treten hätte.

Man erwartet von einer solchen Einrichtung ein viel größeres Vertrauen zu dem Verfahren der Schadensfeststellungen und es wurde sehr großer Wert darauf gelegt, daß das bei der Verabschiedung dieses Gesetzentwurfes Berücksichtigung fände.

Das ist der eine und wesentlichste Punkt, den ich vorzubringen habe; dann sind noch einige andere Anregungen da, die nicht minder für industrielle Kreise Interesse haben dürften. Es handelt sich in dem einen Falle um die Freizügigkeit der Warenvorräte innerhalb eines Fabriketablissements. Das ist eine Angelegenheit, die, so viel ich weiß, insbesondere für die Textilindustrie von ganz erheblicher Bedeutung ist. Wenn heute eine Aenderung in der örtlichen Lagerung der Warenbestände eintritt, muß sofort darüber eine Verständigung mit der Versicherungsgesellschaft erfolgen und wenn eine Zustimmung der Gesellschaft nicht erwirkt wird, ist diese nicht mehr verpflichtet, für den etwa entstehenden Schaden einzutreten. Es wird gewünscht, daß in die zwingenden Vorschriften des Gesetzes eine Bestimmung aufgenommen werde, wonach, wenn die Freizügigkeit der Waren oder Materialbestände innerhalb einer Fabrikanlage ausgeschlossen werden soll, darüber eine ausdrückliche Vereinbarung zwischen den Parteien getroffen werden muß, und daß, wenn diese Vereinbarung nicht getroffen ist, die Freizügigkeit als gestattet gilt. Meine Herren, das schließt nicht aus, daß die Versicherungsgesellschaft nach wie vor daran festhalten kann, die Freizügigkeit abzulehnen, aber es ist sehr wünschenswert, daß eine solche Bestimmung dem etwa arglosen Versicherungsnehmer nicht entgeht, und deshalb ist es wichtig, daß von vornherein eine Vereinbarung hierüber zwischen dem Versicherungsnehmer und der Versicherungsgesellschaft zur zwingenden Vorschrift gemacht wird. In den zur Zeit üblichen Policen, die ich vor Augen hatte, ist die Freizügigkeit durch die vorgedruckten Bedingungen ausgeschlossen und das wird vielfach um so leichter übersehen, als dieser Ausschluß an sich in manchen Fällen gar nicht gerechtfertigt erscheint.

Dann, meine Herren, ist ein anderer Wunsch, den ich zu vertreten habe, der, daß eine Bestimmung in das Gesetz aufgenommen werden möge, nach der im Interesse einer für den Versicherten billigeren, schnelleren und die örtlichen Verhältnisse zuverlässiger würdigenden Rechtsprechung im Falle eines Rechtsstreites aus dem Versicherungsvertrage dasjenige Gericht zuständig sein soll, in dessen Sprengel das Risiko liegt. Das ist bis jetzt im Gesetz auch nicht vorgesehen. Wir sind der Meinung, daß das Gericht, welches an derjenigen Stelle oder innerhalb desjenigen Bezirks sich befindet, in dem der Streitfall sachlich eingetreten ist, viel besser in der Lage sei, die örtlichen Verhältnisse zutreffend zu beurteilen und im Zusammenhange damit so bei der Rechtsprechung sicherer das Richtige zu treffen.

Das, meine Herren, wären die von mir zu vertretenden Anliegen. Mit einigen anderen unerheblicheren Dingen will ich Sie heute nicht aufhalten, umsomehr, als das letzte Wort über den vorliegenden Entwurf jetzt und hier doch wohl noch nicht gesprochen wird. Nur das möchte ich noch bemerken, daß weite Kreise es mit Freuden begrüßen dürften, wenn der Ausschuß des Centralverbandes auch noch den Versicherungsgesellschaften die Bitte aussprechen wollte, daß sie dafür sorgen möchten, ihre Versicherungsbedingungen mit etwas deutlicherer Schrift herauszugeben. Das würde die nützliche Folge haben, daß diese wichtigen Teile des Vertrages dann mit größerer Sicherheit gelesen und vor allem auch für ein mittelstarkes Auge besser lesbar würden.

Das sind die Gesichtspunkte, meine Herren, auf die bei den heutigen Beratungen hinzuweisen ich beauftragt bin und womit ich zugleich begründet zu haben glaube, daß ich der Resolution Nr. 3 ohne eine entsprechende Einschaltung nicht würde zustimmen können.

Reichstagsabgeordneter Dr. **Beumer**-Düsseldorf: Meine Herren, die geschäftliche Behandlung dieser Resolution ist gestern seitens der Kommissionsmitglieder und der Mitglieder des Direktoriums, die an dieser Sitzung teilnahmen, so gedacht worden, daß die Resolution den in Betracht kommenden Reichsämtern mit dem sämtlichen Material vom 1. und 2. Oktober und, wie ich glaube heute hinzufügen zu können, auch mit den heutigen Verhandlungen übergeben wird. Nachdem nun Herr Generalsekretär Stumpf hier seine Wünsche in der stenographischen Niederschrift hat niederlegen können dadurch, daß er sie hier mündlich zum Ausdruck gebracht hat, kann er, glaube ich, auch im allgemeinen für diese Resolution stimmen. Denn, meine Herren, ich möchte doch zur Richtigstellung der Debatte darauf aufmerksam machen, daß der Centralverband als solcher noch durchaus nicht fertig ist mit der Beratung dieses Gesetzentwurfs, sondern daß, wenn letzterer nun entsprechend den aus den verschiedenen Kreisen geltend gemachten Wünschen an den Bundesrat gelangt, der Centralverband und auch die übrigen wirtschaftlichen Körperschaften aufs neue Gelegenheit nehmen werden, zu dem an den Bundesrat gelangten und von dort aus an den Reichstag weiter zu gebenden Gesetzentwurf ihre Wünsche beim Reichstag geltend zu machen. Ich bitte also Herrn Generalsekretär Stumpf doch unter diesem Gesichtspunkt für die Resolution stimmen zu wollen.

Generalsekretär **Stumpf**-Osnabrück: Ich glaube, meine Herren, man würde meinen Bedenken und den Wünschen des Herrn Dr. Beumer vollständig Rechnung tragen, wenn man vielleicht eine kleine Einschaltung machte und sagte: „namentlich die Berücksichtigung derjenigen Anschauungen, über die in diesen Verhandlungen eine Einigung zwischen den Feuerversicherungsgesellschaften und den Vertretern der Industrie erzielt worden ist, sowie der heutigen Verhandlungen in dem Gesetzentwurf für erforderlich". Sonst würde für mich der Sinn nicht mehr annehmbar sein, weil diejenigen Wünsche, die ich heute geäußert habe, nicht zur Berücksichtigung gelangen würden. Wenn es also durch irgend eine redaktionelle Berichtigung hineingebracht werden kann, daß auch die heutigen Verhandlungen Berücksichtigung erfahren, dann bin ich mit der Resolution einverstanden.

Regierungsrat Dr. **Leidig:** Meine Herren, ich glaube es ist ein günstiges Zeichen für die Verhandlungen der Kommission, daß der Herr Generalsekretär Stumpf hier Anschauungen geltend gemacht hat, die angeblich nicht in der Kommission geltend gemacht wurden, die aber doch in der Kommission erörtert worden sind, wenn auch die Verhandlung zu etwas anderen Ergebnissen geführt hat. Die Frage hinsichtlich der Stellung der Sachverständigen und hinsichtlich der Abschätzung ist nämlich in der Kommission bei einer Gelegenheit besprochen worden, die allerdings etwas versteckt ist. Wenn die Herren sich die Beschlüsse ansehen wollen, so finden Sie dort einen Beschluß, in dem gesagt ist, daß unter keinen Umständen dem Versicherten die Möglichkeit genommen werden soll, mit den Versicherungsgesellschaften durch einen Vertreter zu verhandeln. Und da sind diese Gründe, die jetzt Herr Generalsekretär Stumpf ausführte, auch bei der Verhandlung zur Erörterung gekommen, und es ist geltend gemacht worden, daß gegenüber den so ungemein sachverständigen Abschätzern der Versicherungsgesellschaften sich doch die Versicherten in einer gewissen peinlichen Lage befinden, daß sie deshalb die Möglichkeit haben müßten, auch ihrerseits Personen, die in der gleichen Weise Sachverständige sind, wie die der andern Seite, zu ihrer Unterstützung heranzuziehen. Nun ist man ja allerdings nicht auf diesen Gedanken gekommen, der vielleicht in Anlehnung an die landschaftlichen Abschätzungs-Kommissionen der öffentlichen Sozietäten hier vorgeschlagen worden ist. Aber es ist ausdrücklich davon gesprochen worden, daß sich in neuerer Zeit ja hier und da gewissermaßen gewerbsmäßige Sachverständige im Versicherungswesen bilden, und es ist von den Feuerversicherungsgesellschaften ausdrücklich zugegeben worden, daß auch derartige gewerbsmäßige Sachverständige zu den Abschätzungsverhandlungen mit hinzugezogen werden können. Ich möchte also nur darauf hinweisen, daß diese Frage, wenn auch zum Teil mit einem etwas anderem Ergebnis, in der Kommission besprochen worden ist.

(Stumpf: Es steht aber nicht in diesem Bericht!)

Ja, es steht an einer etwas versteckten Stelle.*)

Dann, meine Herren, möchte ich weiter hervorheben, daß der Gesetzentwurf an sich dem Wunsche des Herrn Generalsekretärs Stumpf hinsichtlich der Freizügigkeit entspricht, wenigstens insoweit: der Gesetzentwurf weicht von dem jetzt geltenden Rechte dahin ab — und das ist an einer Stelle der Motive, die ich augenblicklich nicht finden kann,**) ausdrücklich ausgesprochen worden —, daß er nicht zur Bedingung macht, daß die Versicherung nur für einen bestimmten Raum gilt, sondern er überläßt es der Abmachung der Interessenten in jedem einzelnen Fall, ob sie vertragsmäßig Freizügigkeit zwischen den verschiedenen Räumen schaffen wollen oder nicht. Allerdings hat der Gesetzentwurf es nicht zu einer ausdrücklich zwingenden Bestimmung gemacht, daß derartige Freizügigkeit gewährt werden müsse. Zulässig ist sie aber nach Maßgabe des Gesetzentwurfes durchaus. Der Gesetzentwurf weist, wie gesagt, darauf ausdrücklich hin.

Was endlich das Letzte anbetrifft, die Frage des Gerichtsstandes, so möchte ich glauben, daß durch die Vorschriften der Zivil-Prozeßordnung dem Wunsche des Herrn Generalsekretärs Stumpf schon entsprochen werden kann und entsprochen worden ist. In der Regel wird ja der Versicherungsvertrag abgeschlossen und der Gerichtsstand gewählt werden an dem Wohnsitz des Versicherten.

(Stumpf: Bisher nicht!)

Nein, bisher nicht, weil die allgemeinen Bedingungen ausdrücklich anders waren. Aber ich meine, nach den allgemeinen Vorschriften der Zivil-Prozeßordnung wird der Wohnsitz der Versicherten in der Regel auch der Gerichtsstand für den Versicherungsvertrag sein, weil die Versicherungsgesellschaft hier den Vertrag zu erfüllen haben wird. Allerdings, meine Herren, kann es ja auch anders festgestellt werden, und diese Möglichkeit wird auch durch die Zivil-Prozeßordnung nicht

---

*) Heft 96 S. 131.

**) Begründung zu § 83 des Entwurfs; S. 127 der amtlichen Ausgabe.

ausgeschlossen. Ich möchte aber glauben, daß auch Herr Generalsekretär Stumpf nicht diese Vorschrift zu einer zwingenden machen will.

(Stumpf: Ja!)

Dann möchte ich mir aber erlauben, darauf aufmerksam zu machen, daß es doch, glaube ich, in einer ganzen Reihe von Fällen im Interesse des Versicherten liegt, daß nicht der Gerichtsstand des Risikos, beispielsweise vielleicht eines Landhauses, das sich in Westfalen befindet, sondern daß der Gerichtsstand des Wohnsitzes des Versicherten, der vielleicht in Berlin oder Ostpreußen wohnt, gewählt werde. Meine Herren, für den Versicherten, namentlich für den kleinen Versicherten, der vielleicht beim Amtsgericht seinen Prozeß zu führen hat, ist es doch von ungemeinem Werte, daß er den Prozeß selbst führen kann, nicht aber, daß er am Orte des Risikos geführt werde.

(Zuruf: Der hat keine Villa!)

Der hat keine Villa, aber er kann ein kleines Vermögensstück an einem anderen Orte haben oder in einem anderen Amtsgerichtsbezirk.

Fabrikbesitzer **Langen**-München-Gladbach: Meine Herren, trotzdem ich der Resolution zugestimmt habe, möchte ich doch anheim geben, den letzten Satz zu streichen, wo es heißt: „und hält namentlich die Berücksichtigung derjenigen Anschauungen, über die in diesen Verhandlungen eine Einigung zwischen den Feuerversicherungsgesellschaften und den Vertretern der Industrie erzielt worden ist, in dem Gesetzentwurf für erforderlich". Ich meine, der Satz ist eigentlich überflüssig. Bei denjenigen Punkten, in welchen beide Teile, sowohl die Feuerversicherungsgesellschaften wie die Versicherten, auf Grund der stattgehabten Verhandlungen sich einig sind, dürfte eine Berücksichtigung wohl in erster Linie zu erwarten sein. Ich möchte auch nicht durch den Zusatz unsern Beschluß quasi in zwei Abteilungen teilen, und die eine Abteilung, wo wir uns mit den Feuerversicherungsgesellschaften geeinigt haben, deshalb, weil wir uns geeinigt haben, als wichtiger hinstellen als die, wo wir uns nicht geeinigt haben.

Direktor **Stark**-Chemnitz: Ich muß gestehen, daß ich mit Herrn Langen vollständig einer Meinung bin. Ich halte es für sehr notwendig, daß nicht etwa die Punkte, bei denen wir mit den Feuerversicherungsgesellschaften vollständig d'accord sind, vollständig einig sind, etwa besonders hervorgehoben werden oder als von mehr zwingender Qualität bezeichnet werden als die Wünsche, die die Industrie geäußert hat. Es sind ja nur wenige Punkte, bei denen eine Einigkeit nicht erzielt worden ist. Meines Erachtens sind es nur zwei oder drei. Ich würde also den Antrag von Herrn Langen nur unterstützen können. Sie müssen beide gleichwertig sein.

Vorsitzender: Herr Stark, dieser Zusatz war von Ihnen, Sie hatten ihn beantragt?

Generalsekretär **Bueck:** Ich möchte mir erlauben, ein paar kurze Worte zu den Wünschen meines verehrten Kollegen Herrn Stumpf zu sagen.

Ich möchte vorausschicken, daß die Gesellschaften niemals bei der Abschätzung eines Schadenfalles Sachverständige ausgeschlossen haben.

(Stumpf: Habe ich auch nicht gesagt!)

Ich sage das nur vorher. So ist die Bedingung, die jetzt in den Versicherungsbedingungen steht, nicht zu verstehen. Bevollmächtigte bei der Abschätzung der Beschädigungen können die Gesellschaften nicht ausschließen und haben sie nicht ausgeschlossen. Diese Bestimmung richtet sich nur gegen Unberufene, die unter Umständen in die Regulierungsverhandlungen eingreifen.

Nun ist mir aber der Wunsch des Herrn Kollegen Stumpf etwas überraschend gekommen. Meine Herren, er geht eigentlich von der Ansicht aus, daß der Industrielle selbst nicht im stande ist, den geeigneten Vertreter seiner Rechte zu finden, sondern daß die Behörde dafür ein größeres Verständnis habe. Also befürwortet er in gewissem Grade eine Bevormundung durch die Behörde für die Industriellen. Das ist ein Standpunkt, der doch eigentlich immer mehr von uns verlassen wird, und diesen Weg hier wieder zu beschreiten und sich unter die Vormundschaft der Behörde zu stellen, würde ich auch in diesem Falle nicht befürworten können. Es ist an tüchtigen Sachverständigen durchaus kein Mangel und es ist doch von vornherein anzunehmen, daß der betreffende Industrielle, der zunächst von der Sache berührt wird, mehr in der Lage ist, die Wahl zu treffen, als die Behörde, die ein für allemal eine Anzahl von Sachverständigen bezeichnen soll, auf die er sich zu beschränken hat.

Was nun die Freizügigkeit betrifft, so wünscht der Herr Kollege das umgekehrte Verhältnis von dem wie es jetzt besteht. Meine Herren, jetzt ist in gewissen Grenzen die Freizügigkeit ausgeschlossen, und sie wird nur vertragsmäßig im einzelnen Fall mehr oder weniger ausgedehnt gewährt. Das ist eine Sache die sich durchführen läßt. Von vornherein aber umgekehrt zu sagen, die Freizügigkeit ist unter jeden Umständen gestattet, würde meiner Ansicht nach den Versicherungsgesellschaften ein sehr schweres Obligo auferlegen. Meine Herren, diese Beschränkung der Freizügigkeit geht doch von dem Gedanken aus, daß durch die Freizügigkeit das Versicherungsobjekt auch irgend wo anders untergebracht werden kann, wo eine weit höhere

Brandgefahr vorliegt. Wenn nun die Freizügigkeit unter jeden Umständen gewährt werden soll, primo loco, so ist einmal die Versicherungsgesellschaft gar nicht in der Lage zu beurteilen, welche Gefahren sie läuft, zweitens würde ihr auch eine Gefahr aufgebürdet werden, für die ihr das richtige Aequivalent in der Prämie nicht gewährt wird. Also ich glaube, daß Sie von dem Standpunkte: Leben und leben lassen, den Gesellschaften ein solches Obligo nicht auferlegen können, und daß demnach der richtige Weg der ist, in dem gegebenen Falle über die Freizügigkeit, die zunächst in gewissen Grenzen ausgeschlossen ist, dann zu verhandeln und vertragsmäßig die Freizügigkeit nach Maßgabe der Verhältnisse zu gewähren.

Was nun die Anführung der Versicherungsbedingungen in den Versicherungsscheinen, wie es neuerdings heißen soll, oder in der Police betrifft, so handelt es sich da nur um Zweckmäßigkeitsgründe. Ich finde die Schrift im ganzen nicht so unleserlich, daß der Versicherte im allgemeinen dadurch abgehalten werden sollte, sich mit den Versicherungsbedingungen bekannt zu machen. Aber die Policen werden merkwürdigerweise im allgemeinen nicht gelesen, wie denn überhaupt der Versicherungsvertrag im Publikum vielfach gar nicht als ein Vertrag aufgefaßt, sondern mit einer Gleichgültigkeit behandelt wird

(sehr richtig),

die ich seit jeher nicht habe verstehen können.

Wenn irgend ein Bauer ein kleines Stückchen Wiese verkauft oder irgend eine vertragliche Verpflichtung eingehen soll, so bin ich überzeugt, daß er diesen Vertrag zehnmal liest, ehe er ihn unterschreibt. Aber das geht bis in die höchsten Kreise hinein, daß der Versicherungsvertrag überhaupt gleichgiltig behandelt, gar nicht gelesen wird. Das ist ein Zustand, über dessen Entstehung ich mir bis jetzt nicht klar geworden bin. Aber es ist so.

Wenn nun eine so kleine Schrift gewählt worden ist, so sind das einfach Zweckmäßigkeitsgründe, die darin gipfeln, daß das Versicherungsdokument nicht einen zu großen Umfang erreichen soll, und wir finden doch auf anderen Gebieten ähnliche Vorkommnisse. Nehmen Sie das Reichskursbuch an, meine Herren

(Zuruf: Niederträchtiger Druck!);

das ist doch ein Werk, das für den allgemeinen Gebrauch eine sehr große Bedeutung hat, ich möchte sagen eine größere als der Versicherungsvertrag für den einzelnen, und ich glaube, im Durchschnitt, meine Herren, ist das Reichskursbuch viel undeutlicher gedruckt

(sehr richtig!),

als die Versicherungsbedingungen der Gesellschaften. Aber es ist jetzt schon sehr unbequem, das Reichskursbuch mit sich zu führen

(sehr richtig!),

wenn man auf Reisen ist; wollte man da Frakturschrift hineinnehmen, dann würden das vielleicht fünf oder sechs Bände werden, und man würde sich für die Reise einen besonderen Tornister oder Rucksack anschaffen müssen, um das Buch mitnehmen zu können. Also, meine Herren, solchen Zweckmäßigkeitsgründen muß man Rechnung tragen, und ich fürchte, meine Herren, daß die Versicherungsbedingungen in Zukunft noch länger sein werden, als jetzt.

Regierungsrat Dr. **Leidig:** Meine Herren, ich möchte nur bezüglich der Frage der Versicherungsbedingungen noch eine kurze tatsächliche Bemerkung machen. Das Aufsichtsamt für Privatversicherungswesen verlangt jetzt, daß vor jedem Abschluß des Versicherungsvertrages dem betreffenden Versicherungsnehmer — so muß ich hier sagen, denn er ist noch nicht Versicherter — zunächst die allgemeinen Bedingungen vorgelegt werden und daß der Betreffende schriftlich bescheinigt, daß er die allgemeinen Bedingungen bekommen hat, und dann erst auf Grund dieser allgemeinen Versicherungsbedingungen schließt er den Vertrag, und endlich bekommt er den Versicherungsschein mit der Perlschrift zugeschickt. Nun, meine Herren, habe ich persönlich die Erfahrung gemacht vor einiger Zeit, allerdings nicht im Feuerversicherungswesen, sondern im Unfallversicherungswesen, daß da die zugeschickten allgemeinen Bedingungen, die ja für sich gedruckt sind, recht groß und deutlich gedruckt sind. Wie es bei den Feuerversicherungen ist, weiß ich nicht. Damit würde ein großer Teil der Bedenken für die Praxis hinwegfallen.

Generalsekretär **Stumpf**-Osnabrück: Ich wollte nur zwei Dinge richtigstellen. Ich bin nämlich von dem verehrten Vorredner, meinem Freunde Bueck, in zwei Punkten mißverstanden worden. Es handelt sich nicht darum, daß die große Industrie keine Sachverständigen finden kann in einem Schadenfalle, sondern es handelt sich zunächst darum, hier eine gewisse Verstimmung zu beseitigen und einem Vorurteil den Boden zu nehmen, welches in den Kreisen der Versicherten stellenweise nicht ohne Grund hinsichtlich der Regulierung von Brandschäden u. s. w. obwaltet. Wenn von seiten der oberen Verwaltungsbehörde auf Grund der Vorschläge, die ihr von gesetzlich bestellten Interessenvertretungen zugehen, Sachverständige für die verschiedenen Zweige der Industrie — und für die verschiedenen Handelszweige, wenn Sie wollen — ernannt werden, aus denen die Parteien verpflichtet sind, mindestens den Obmann zu wählen, falls die beiden

Schätzer sich nicht einigen können, dann wird eine viel größere Beruhigung in dieser Beziehung eintreten, und das wäre immerhin ein Ergebnis, das nach meiner Meinung einen erwünschten Fortschritt in der Gestaltung der Beziehungen zwischen Feuerversicherungsgesellschaften und Versicherten bedeuten würde.

Der zweite Punkt, den ich hervorzuheben hätte, ist der Ausschluß der Freizügigkeit. Ich beabsichtige durchaus nicht, durch das Gesetz den Ausschluß der Freizügkeit zu verbieten; ich möchte nur umgekehrt in den Versicherungsbedingungen den Satz stehen haben: „Sobald die Freizügigkeit nicht durch eine besondere Bestimmung des Vertrages ausgeschlossen wird, gilt sie als zugelassen."

Die Sache mit dem Drucke der Versicherungsbedingungen, meine Herren, hat wirklich nur eine ganz untergeordnete Bedeutung. Ich gebe gern zu, daß es noch nicht so schlimm damit ist, wie mit dem Reichskursbuch. Aber ich glaube, das kann auch für uns kein Trost sein. So umfangreich sind die Bedingungen nicht, daß man nicht dem vielseitig geäußerten Wunsche nach größerem Druck nachgeben könnte.

Vorsitzender: Meine Herren, die Diskussion ist, da sich niemand weiter zum Wort gemeldet hat, geschlossen.

(Schwartzkopff: Darf ich noch ein Wort sagen?)

Die Diskussion ist zwar geschlossen, ich setze jedoch die Zustimmung des Ausschusses voraus, daß Herrn Major Schwartzkopff das Wort noch erteilt wird.

Major a. D. Dr. **Schwartzkopff:** Ich wollte nur betonen, daß das, was der Herr Generalsekretär Stumpf anstrebt, event. auf dem Wege auch nicht erreicht werden würde. Ich hatte die Ehre, verschiedenen Verhandlungen beizuwohnen. Die Herren von der Versicherung müssen natürlich auch so rechnen, daß sie die Prämien nach dem Risiko, das sie nehmen, höher oder niedriger stellen. Also sobald diese größere Sicherheit, wie sie Herr Stumpf erstrebt, erreicht würde, würde die Versicherungsgesellschaft sofort erwidern: dann müssen wir ein größeres Risiko übernehmen und müssen infolgedessen die Prämien steigern.

Generalsekretär **Stumpf**-Osnabrück: Meine Herren, ich bin noch nicht vollständig verstanden worden. Ich will nur verhüten, daß dieser wichtige Ausschluß der Freizügigkeit der Warenbestände innerhalb eines Fabriketablissements den Versicherten nicht gewissermaßen unbewußt auf den Nacken kommt. Wie Sie eben schon von Herrn Generalsekretär Bueck gehört haben — und der hat doch gewiß Erfahrung darin, denn er wird über diesen Fall unterrichtet sein durch den Verband Deutscher Feuerversicherungen —, werden die Versicherungsbedingungen leider von den Versicherten meistens nicht gelesen. Die Herren nehmen also unter Umständen an, die Freizügigkeit ist nicht ausgeschlossen, während die kleinen gedruckten Bedingungen das Gegenteil besagen. Ich möchte also, daß ausdrücklich gesagt wird, wo die Freizügigkeit nicht durch besondere Vereinbarung ausgeschlossen ist, ist sie zugelassen.

Vorsitzender: Meine Herren, nun ist die Generaldiskussion definitiv geschlossen.

Ich darf wohl Herrn Generalsekretär Stumpf fragen, ob er seinen Antrag aufrecht erhält.

Generalsekretär **Stumpf**-Osnabrück: Ja, meine Herren, Herr Dr. Beumer hat ja einen entsprechenden Vorschlag wenigstens zunächst vertraulich gemacht. Danach würden wir sagen: „Im übrigen verweist der Centralverband für die Wünsche der in ihm vereinigten Industrien hinsichtlich der Einzelvorschriften des Entwurfes auf seine bisherigen Verhandlungen über dieselben, insbesondere auf die Beratungen und auf die Beschlüsse seiner Kommission. Wenn wir diese kleine Einschaltung machen, bin ich einverstanden. Sonst müßte ich mich der Stimme enthalten.

Vorsitzender: Meine Herren, Sie haben den Antrag von Herrn Stumpf gehört

(Stumpf: salva redactione natürlich!),

und wir würden demnach drei Anträge haben: Erstens den Antrag des Herrn Stumpf auf Einfügung der oben verlesenen Worte, dann den Antrag des Herrn Stark: in der 7. Zeile das Wort „namentlich" zu streichen, und ferner den Antrag des Herrn Langen auf Streichung von der 7. Zeile an, von den Worten: „und hält namentlich" bis zum Schluß.

Meine Herren, ich würde Ihnen vorschlagen, zuerst den Antrag des Herrn Stumpf vorzunehmen, alsdann den des Herrn Langen. Wird der Antrag des Herrn Langen angenommen, so fällt dadurch der Antrag des Herrn Stark von selbst weg. Wird hingegen der Antrag von Herrn Langen abgelehnt, so würde ich zu dem Antrage des Herrn Stark kommen auf Streichung des Wortes „namentlich". Wird dieser abgelehnt, so darf ich wohl ohne besondere Abstimmung annehmen, daß Sie nunmehr Nr. 3 nach der Fassung annehmen, wie sie von der Kommission vorgeschlagen ist, unter Vorbehalt, wie sich die Abstimmung in Betreff des von Herrn Generalsekretär Stumpf gestellten Antrags gestaltet hat.

Ich darf also nunmehr diejenigen Herren bitten, welche entsprechend dem Vorschlage des Herrn Generalsekretärs Stumpf diesen Vorbehalt einfügen wollen, die Hand zu erheben.

(Geschieht.)

Das ist die große Majorität. Also Sie (zu Herrn Stumpf) haben wohl die Güte, die Fassung noch festzustellen.

(Stumpf: Ich werde sie mit Herrn Regierungsrat Dr. Leidig feststellen.)

Dann darf ich bitten, daß diejenigen, welche entsprechend dem Antrage des Herrn Langen die Worte „und hält namentlich" bis zum Schlusse streichen wollen, die Hand erheben.

(Geschieht.)

Ich darf um die Gegenprobe bitten.

(Sie findet statt.)

Das ist die Minderheit. Also dieser Schlußpassus ist weggefallen, und ich darf nun wohl ohne besondere Abstimmung konstatieren, daß Nr. 3 der Vorlage angenommen ist von Anfang an bis zu dem Worte „1903" unter Einfügung der Worte von Herrn Generalsekretär Stumpf.

Dann, meine Herren, kommen wir zu Nr. 4 der Resolutionen. Ich eröffne hierüber die Diskussion — schließe dieselbe und darf wohl ohne besondere Abstimmung konstatieren, daß die Resolution einstimmig angenommen ist.

Meine Herren, damit ist dieser Teil der Tagesordnung erledigt, und wir kommen zu dem nachträglich auf die Tagesordnung gesetzten Punkte

6. Die Bestrebungen, auf öffentlichen Flüssen wieder Schiffahrtsabgaben einzuführen.

(zu Dr. Beumer): Ich darf wohl bitten.

Reichstagsabgeordneter Dr. **Beumer**-Düsseldorf: Meine Herren, ich bin in der erfreulichen Lage, Sie in Uebereinstimmung mit dem Direktorium zu bitten, diesen Bericht von der heutigen Tagesordnung abzusetzen.

Wie Sie wissen, hat unserm ganzen wirtschaftlichen Leben eine schwere Gefahr gedroht, gegen die sich bisher zahlreiche wirtschaftliche Vereine und Handelskammern in Vertretung der ihnen anvertrauten Interessen mit vollem Rechte gewehrt haben. Wenn von gewisser Seite darauf hingewiesen ist, daß hierbei, „wie es leider in Deutschland üblich sei", über das Maß des sachlichen Interesses hinausgegangen und eine mehr oder weniger heftige Agitation beliebt worden sei, so ist diese Behauptung mit Recht auf das entschiedenste von den betreffenden Körperschaften zurückgewiesen worden.

Auch der Centralverband Deutscher Industrieller hat mit Recht diese Sache auf die Tagesordnung gesetzt. Mittlerweile aber hat der Reichskanzler im Reichstage die Ihnen bekannte Erklärung abgegeben, und es ist anderweitig festgestellt, daß auch das preußische Staatsministerium sich nicht mit der Absicht trägt, irgend welche Binnenschiffahrtsabgaben auf freien Strömen einzuführen.

Deshalb bringe ich in Uebereinstimmung mit dem Direktorium den Beschlußantrag ein:

„Nachdem zuverlässig festgestellt ist, daß weder die verbündeten Regierungen noch das Preußische Staatsministerium eine Wiedereinführung von Schiffahrtsabgaben auf freien Strömen planen, sieht der Centralverband Deutscher Industrieller z. Z. von einer Erörterung dieser Frage ab. Der Ausschuß beauftragt jedoch das Direktorium, sofort eine außerordentliche Delegiertenversammlung einzuberufen, wenn ein solcher Plan irgendwie greifbare Gestalt annehmen sollte."

Meine Herren, es ist ja nicht ausgeschlossen, daß von irgend einer Seite der Plan wieder angeregt wird und daß er dadurch wieder greifbare Gestalt annehmen könnte; für diesen Fall muß der Centralverband, wie ich glaube, das Gewehr bei Fuß und sein Pulver trocken halten. Ich bitte Sie um Annahme des Beschlußantrags.

(Beifall.)

Vorsitzender: Meine Herren, wie die Verhältnisse liegen, wird es sich gar nicht empfehlen, weiter in eine Diskussion einzutreten, sondern ich möchte Ihnen empfehlen, lediglich den Antrag des Herrn Dr. Beumer Ihnen zur Abstimmung vorlegen zu dürfen.

Eine Diskussion wird nicht gewünscht, und ich darf wohl ohne besondere Abstimmung konstatieren, daß dieser Beschlußantrag des Herrn Dr. Beumer einstimmig genehmigt ist. Ich konstatiere dies.

(Beifall.)

Meine Herren, damit ist unsere Tagesordnung erledigt. Ich schließe die Ausschußsitzung.

(Schluß gegen 3 Uhr.)

Beschlüsse der Ausschußsitzung.

1.

Zum Gesetzentwurf betr. den Versicherungsvertrag.

I. Der Centralverband Deutscher Industrieller erkennt in dem Entwurf über den Versicherungsvertrag eine, wenn auch im einzelnen verbesserungsbedürftige, so doch brauchbare Grundlage für die gesetzliche Regelung des Versicherungsrechtes. Er betrachtet insbesondere den vermehrten Schutz des Versicherten gegen die Aufhebung der Versicherung und gegen den Verlust des Anspruchs auf die Versicherungssumme als eine wesentliche Verbesserung des bestehenden Rechts. Er erklärt sich namentlich auch mit dem Grundsatze des Entwurfes einverstanden, daß Rechtsnachteile des Versicherten von seinem schuldhaften Verhalten abhängig gemacht und daß der Verlust der Vertragsrechte wesentlich nur bei Arglist des Versicherten zuzulassen ist.

II. Die bei der Beratung des Gesetzentwurfes über die privaten Versicherungsunternehmungen von dem Vertreter des Herrn Reichskanzlers in sichere Aussicht gestellte und auch von den Motiven als notwendig anerkannte Einbeziehung der öffentlichen Versicherungsanstalten in das Gesetz hält der Centralverband Deutscher Industrieller im Interesse der Rechtseinheit wie wegen der andernfalls in der Praxis bei gemeinschaftlichen Versicherungen entstehenden Schwierigkeiten insoweit für notwendig, als die öffentlichen Sozietäten in Wettbewerb mit privaten Versicherungsgesellschaften stehen.

III. Im übrigen verweist der Centralverband Deutscher Industrieller für die Wünsche der in ihm vereinigten Industrien hinsichtlich der Einzelvorschriften des Entwurfes auf seine bisherigen Verhandlungen darüber, insbesondere auf die Beschlüsse seiner Kommission vom 1. Oktober und auf die Verhandlungen dieser Kommission mit Vertretern der Feuerversicherungsgesellschaften am 2. Oktober 1903.

IV. Der Centralverband Deutscher Industrieller nimmt mit Befriedigung davon Kenntnis, daß die Vertreter der Feuerversicherungsgesellschaften sich bereit erklärt haben, nach Verabschiedung des Entwurfes die allgemeinen Bedingungen für die Versicherung industrieller Risiken im Einvernehmen mit Vertretern der Industrie neuzuordnen.

2.

Betr. Binnenschiffahrtsabgaben.

Nachdem zuverlässig festgestellt ist, daß weder die verbündeten Regierungen noch das Preußische Staatsministerium eine Wiedereinführung von Schiffahrtsabgaben auf freien Strömen planen, sieht der Centralverband Deutscher Industrieller z. Z. von einer Erörterung dieser Frage ab. Der Ausschuß beauftragt jedoch das Direktorium, sofort eine außerordentliche Delegiertenversammlung einzuberufen, wenn ein solcher Plan irgendwie greifbare Gestalt annehmen sollte.

Gewerbeordnung für das Deutsche Reich nebst allen Ausführungsbestimmungen. Text-Ausgabe mit Anmerkungen und Sachregister. Ursprünglich herausgegeben von T. Ph. Berger, Regierungsrat, und Dr. L. Wilhelmi, Geh. Ober-Regierungsrat. Sechzehnte vermehrte Auflage, bearbeitet von H. Spangenberg, Oberverwaltungsgerichtsrat. Taschenformat, geb. in ganz Leinen 3 Mk.

Die Bilanzen der Aktiengesellschaften und der Kommanditgesellschaften auf Aktien. Von Dr. Herman Veit Simon, Rechtsanwalt am Kammergericht. Dritte Auflage. gr. 8°. Preis 10 Mk., gebunden in Halbfranz 12 Mk.

Gesellschaften mit beschränkter Haftung. Vom 20. April 1892 in der auf Grund der durch Artikel 13 des Einführungsgesetzes zum Handelsgesetzbuch vom 10. Mai 1897 erfolgten Ermächtigung vom Reichskanzler bekannt gemachten Fassung. Systematische Darstellung und Kommentar nebst Entwürfen von Gesellschaftsverträgen und praktischer Anleitung für die Registerführung. Von Ludolf Parisius und Dr. Hans Crüger. Dritte vermehrte Auflage, bearbeitet von Dr. Hans Crüger. gr. 8°. Preis 8 Mk., geb. in ganz Leinen 9 Mk.

Das Reichsgesetz, betreffend die Gesellschaften mit beschränkter Haftung. Text-Ausgabe mit Anmerkungen und Sachregister. Von Ludolf Parisius u. Dr. Hans Crüger. Siebente Auflage, bearbeitet von Dr. Hans Crüger. Gebunden in ganz Leinen 1 Mk. 25 Pf.

Kommentar zum Gesetz, betreffend die Gesellschaften mit beschränkter Haftung. Von Justizrat Dr. Hermann Staub, Rechtsanwalt und Notar in Berlin. Lex. 8°. Preis 10 Mk., geb. in Halbfranz 12 Mk.

Handelsgesetzbuch vom 10. Mai 1897 unter Ausschluß des Seerechts. Mit den ergänzenden Vorschriften des Bürgerlichen Gesetzbuches und Erläuterungen herausgegeben von F. Litthauer, Justizrat. Zwölfte (der neuen Fassung dritte) Auflage. Taschenformat. Geb. in ganz Leinen. Preis 2 Mk. 80 Pf.

Kommentar zum Handelsgesetzbuch (ohne Seerecht). Von Justizrat Dr. Hermann Staub, Rechtsanwalt und Notar in Berlin. Lex. 8°. 6. und 7. Auflage. 2 Bände. Preis des Werkes 30 Mk., geb. in 2 Halbfranz-Bänden 34 Mk.

Krankenversicherungsgesetz in der Fassung der Novelle vom 25. Mai 1903. Text-Ausgabe mit Einleitung, Anmerkungen und Sachregister von weil. Dr. E. v. Woedtke, Direktor im Reichsamte des Innern. Zehnte umgearbeitete Auflage, herausgegeben von Dr. Georg Eucken-Addenhausen, Geh. Regierungsrat und vortr. Rat im Reichsamte des Innern. Taschenformat. Geb. in Leinen. Preis 3 Mk. 50 Pf.

Allgemeine Deutsche Wechselordnung. Kommentar von Dr. J. Stranz und Dr. M. Stranz, Rechtsanwälte in Berlin. Erste Auflage der Neubearbeitung. (Achte Auflage der Borchardt-Ball'schen Ausgabe.) Nebst Reichsgesetz betr. **Wechselstempelsteuer** von Regierungsrat P. Loeck. 7. Aufl. Taschenformat, gebunden Preis 3 Mark.

Kommentar zur Allgemeinen Deutschen Wechselordnung. Von Justizrat Dr. Hermann Staub, Rechtsanwalt und Notar in Berlin. Vierte, auf Grund der neuen Gesetzgebung umgearbeitete Auflage. Lex. 8°. Preis geb. in ganz Leinen 7 Mk. 50 Pf.

FSC
www.fsc.org
MIX
Papier | Fördert gute Waldnutzung
FSC® C083411

Kolibri 360 GmbH
Ferdinand-Jühlke-Straße 7
99095 Erfurt, Deutschland
produktsicherheit@kolibri360.de